省域职业教育举办体制研究

汤敏骞　著

中国海洋大学出版社

·青岛·

图书在版编目（CIP）数据

省域职业教育举办体制研究 / 汤敏骞著 . -- 青岛：
中国海洋大学出版社，2022. 12

　ISBN 978-7-5670-3393-1

　Ⅰ．①省… Ⅱ．①汤… Ⅲ．①职业教育－研究－中国
Ⅳ．① G719. 2

　中国版本图书馆 CIP 数据核字（2022）第 256303 号

.

出版发行	中国海洋大学出版社
社　　址	青岛市香港东路 23 号　　　　　邮政编码　266071
出 版 人	刘文菁
网　　址	http://pub.ouc.edu.cn
电子信箱	752638340@qq.com
订购电话	0532-82032573（传真）
责任编辑	林婷婷　　　　　　　　　　　电　话　0532-85901092
印　　制	日照日报印务中心
版　　次	2022 年 12 月第 1 版
印　　次	2022 年 12 月第 1 次印刷
成品尺寸	170 mm ×240 mm
印　　张	12.00
字　　数	203 千
印　　数	1～1 000
定　　价	50. 00 元

前　言

　　职业教育的个人意义在于技术性。通过职业教育，个人获得职业技能，进入生产制造领域，实现谋职求业、安身立命的目的。职业教育的体制意义在于行业性。通过职业教育，行业组织、企业事业组织连接社会各个实业领域的多个环节生产要素，培养行业后续人力，维持行业运行和经济生活。职业教育的政治意义在于公益性。通过职业教育，政府沟通具有教育需求和职业需求的个人与社会各个行业，帮助实现各取所需、各有所得。

　　职业教育在中国近现代史上始终受到政府和社会力量的支持和推动。在当下所处的以经济社会深层变革为背景的大时代里，在改革开放以来政府的日程里，职业教育都是教育领域的重要话题。2022年，政府完成酝酿多年的对《职业教育法》的修改。政府和社会各方就职业教育对经济社会变革的作用寄托着殷切期待。因此，职业教育、高等职业教育的举办体制成为本书的研究主题。

　　在社会经济转型升级期间，借经济体制改革和教育体制改革，高等职业教育在政策的推动下起步、加速发展和普及，依赖的就是举办体制。在经验中，办教育似乎是政府教育部门的专属事务，人们认为职业教育、高等职业教育不能例外，所以当前的高等职业教育多元化举办体制不断受到惯性思维的质疑，人们主张对多元化举办体制加以改革，使其统归政府教育部门管辖。针对这样的主张，本书梳理中华人民共和国成立至今由政府制定的职业教育和高等职业教育举办体制政策，理清职业教育和高等职业教育贯穿始终的理论逻辑和举办体制政策脉络，并以河南省现有高等职业教育组织体系中的举办体制结构为例，以亚里士多德本质主义哲学思想为理论底色，采用组织生态学、结构功能理论和教育公平与教育效率关系理论作为理论基础,对高等职业教育的举办体制结构进行实证研究和理论研究。

在组织生态学理论视野中,省域高等职业教育组织体系是一个具有整体与部分结构、内部可以分出三个层级的组织生态整体。在省域高等职业教育组织生态整体中,高等职业院校组织个体作为办学主体,处在组织生态层级整体的最末端,保持被动的对组织生态资源的需求状态,在对组织生态资源的需求被满足以后转换为主动状态,向组织生态层级整体以外释放办学功能。办学主体以行政隶属关系为纽带,与举办主体进行联结,组成一个组织生态资源供求关系闭合的举办体制结构。举办主体相对于办学主体,处在主动的对组织生态资源的供给状态,举办主体处在主导地位,通过行政隶属关系对办学主体发挥作用,举办主体和办学主体因而共有一个以办学主体为核心的生态位。办学主体、行政隶属关系、组织生态资源供求关系和生态位四者的性质因而都具有举办主体的行政职能属性。经过对举办体制结构的构成还原分析,每一对举办体制组合结构按照举办主体的行政职能性质,按行政隶属关系的性质被归入不同的举办体制类型。举办体制类型被称为组织生态层级整体中的种群,不同的种群组织生态水平之间基于贴近于"技术"的同一逻辑尺度而彼此区分和相互关联,处在第二层级的组织生态层级整体的中间层次组织生态水平,应确认省级行业厅局就职能本性而言在第一位序上的高等职业教育举办主体资格。各个种群组织生态水平的举办体制类型共同组合为更高层级的组织生态层级整体,处在第一层级的组织生态层级整体的最顶端,被称为组织生态群落。种群组织生态水平之间存在着对总量有限的组织生态资源的竞争关系。组织生态学理论对省域高等职业教育组织体系的观照,使省域高等职业教育组织体系走出扁平化世界,变身立体化对象,显示出清晰的内部层级结构图景。

在结构功能理论视野中,省域高等职业教育组织体系被视为由功能表现有所区别的四种不同的举办体制构成的结构功能整体。在举办体制结构分析中,因为举办主体的属性不同,办学主体与举办主体之间的行政隶属关系相应地显示为不同的属性,从而表现为省级行业厅局办学的"行业性"、省级教育厅局办学的"教育性"、地级市政府办学的"属地性"和国有企业办学的"商密性"。不同的行政隶属关系类型与技术的切近性显示该举办体制所具有的对于举办高等职业教育的合法性,相应的排序是省级行业厅局、省级教育厅局、地级市政府和国有企业。地级市政府办学所具有的"属地性"与高等职业教育中技术的地域超越性不能兼容。目的论意义上的国有企业不接受高等职业教育的公益性将使其丧失举办主体资格的合法性。本书选取"国家示范性(骨干)高等职业院校建设计划"和"双高计划"两个社会声誉评级高的政府项目名单作为外部认定依据，以专业设置数量作为内部表现依据，为省域高等职业教育组织体系建立二维指标的功能评价体系，结合不同高等职业院校行政隶属关系类型的信念要素和工作要素表现，对四种举办体制类型的功能进行评价。在四种举办体制类型中，省级行业厅局办学社会声誉评级数量位居第一，专业设置平均数受"行业性"影响位序靠后，举办教育平均年限最为悠久，举办高等职业教育平均年限受政策制约位序偏后，应确认省级行业厅局就功能表现而言在第一位序上的高等职业教育举办主体资格。省级教育厅局办学社会声誉等级最高，专业设置平均数位序第一，凸显"教育性"的功能性；社会声誉好评度高的高等职业院校在行业隶属时期已成特色和优势，而始终隶属于省级教育厅局的高等职业院校表现平庸，这表明省级教育厅局办学的功能优势并不确定。地级市政府办学量大品低，与国有企业办学在社会声誉评级上都表现出大起大落的不稳定现象，需反思这两种举办体制逻辑上的内在矛盾问题。

　　笔者认为，应在教育公平和教育效率关系理论视野中，评估省域高等职业教育组织体系中四种举办体制的功能表现，检视四种举办体制功能的数量表现，梳理每一种举办体制类型中高等职业教育的举办主体参与数和未参与数，包括该举办主体类型中高等职业教育的现有举办主体参与率(该举办主体类型中的参与数占该举办主体类型全数的百分比)、该举办主体类型中高等职业教育的举办主体全数平均负担率(该举办主体类型参与的办学主体数与该举办主体类型全数的比值)，考察不同举办体制下举办主体的余缺状况及其对高等职业教育的贡献状况。省域高等职业教育组织体系的功能问题主要表现为四种举办体制功能之间的外延规模不统一和内涵质量不统一。省级教育厅局类型意义上的高等职业教育的举办主体参与率、负担率都是四种举办体制类型中的最高者。地级市政府类型意义上的高等职业教育的举办主体参与率位居第二，省级行业厅局、国有企业等类型意义上的高等职业教育的举办主体参与率都不高。地级市政府、省级行业厅局和国有企业三类举办主体的高等职业教育负担率水平都不高。省级行业厅局类型举办主体的参与率和负担率都有相当的余地，这表明在高等职业教育方面可期待进一步作为。综合地级市政府办学功能上的较高的举办主体参与率表现和低位内涵质量表现，应确认地级市政府类型举办主体难以支撑和保持合理水平层次的高等职业教育办学功能。笔者认为,在教育公平和教育效率关系意义上,就省域高等职业教育组织体系中的现有举办主体和办学主体而言,取消地级市政府和国有企业的举办主体资格,将所参与的办学主体移交给省级政府举办,是出于理性的选择。

基于以上研究,从高等职业教育本质出发,理想状态的省域高等职业教育举办体制结构是,以"行业性"为内在逻辑,以"教育性"为外在逻辑,以省级政府为基准,以省级行业厅局为适格的举办主体。

目 录

绪　论

当前中国经济社会的转型发展对高素质技术技能人才的强大需求、人民群众对分享优质高等教育资源的热切愿望以及高等职业教育实现既有公平又有效率的发展的政策目标,要求研究和理解高等职业院校举办体制,释放高等职业院校的办学活力,为经济社会发展服务。

在当下中国的行政体制中,政府通过制度性安排使高等职业院校与行政主管部门建立行政隶属关系,实现政府对高等职业教育的资源配置和行政管理。由于不同的行政主管部门掌控的行政资源不同,不同行政隶属关系的高等职业院校获得的教育资源就存在差异。按照一般的理解,高等职业院校之间只有具备同等的办学条件,才可能达到办学能力平等。因此,高等职业院校的行政隶属关系既可能影响高等职业教育公平,也可能影响高等职业教育效率。要研究高等职业教育举办体制,必须深入理解高等职业院校的行政隶属关系。

本书以中观层次的省域政区为研究范围,以行政隶属关系对高等职业院校发展的影响为分析视角,以组织生态学、结构功能理论和教育公平与教育效率关系理论为基础,以高等职业院校行政隶属关系类型集合体为分析单位,通过对河南省公办高等职业院校的全样本实证研究,分析省级教育厅局、省级行业厅局、地级市政府以及国有企业等四种行政主管部门(单位)所管辖的高等职业院校的举办主体、办学概况等高等职业教育举办体制,探寻高等职业教育举办体制实然和应然的结构与功能及其变革,为高等职业教育发展提供理论支持和实践指南。

第一节　问题提出

笔者 1992 年进入职业教育领域参加工作至今，曾经先后在两所职业院校供职。1992 年 7 月至 2004 年 8 月在河南省郑州市第一商业技工学校从教。2004 年 9 月至 2019 年 5 月，笔者供职于河南职业技术学院。该校隶属于河南省人力资源和社会保障厅，其教育教学业务接受河南省教育厅的指导。笔者在该校工作期间，曾经作为教务处工作人员被抽调加入临时成立的机构——人才培养评估工作小组担任秘书，深度参与该校 2005 年、2010 年两轮高职高专院校人才培养评估工作，2006 年启动至 2008 年收尾整个一轮的国家级示范性高等职业院校遴选立项工作（河南省级示范性高等职业院校遴选立项工作穿插在期间进行），2008 至 2011 年进行的国家级、省级示范性高等职业院校建设与验收工作，承担前述各项工作中作为核心材料的校级总体建设方案文本的执笔撰写工作。通过这些工作，笔者对该校的行政隶属关系类型和内部管理与运行状况进行了深切的了解。该校在申报教育部、财政部设立的"国家示范高等职业院校建设计划"的过程中，2006 年负于隶属于河南省教育厅的黄河水利职业技术学院、隶属于中国平煤神马能源化工集团有限责任公司的平顶山工业职业技术学院，2007 年负于隶属于商丘市人民政府的商丘职业技术学院，2008 年终于获选全国第三批也是最后一批立项建设单位，并于 2011 年完成建设任务，通过教育部和财政部联合验收，建设成为国家级示范性高等职业院校。在 2019 年实施的中国特色高水平高职学校和专业建设计划中，根据《教育部、财政部关于公布中国特色高水平高职学校和专业建设计划建设单位名单的通知》（教职成函〔2019〕14 号文件），该校被批准为高水平专业群建设单位（B 档），纳入"中国特色高水平高职学校和专业建设计划建设单位名单"。河南省教育厅负责遴选、向教育部和财政部推荐国家级示范性高等职业院校立项建设单位。在此期间，笔者隐约感到被教育部和财政部批准的河南省四所国家级示范性高等职业院校立项建设单位虽然同为独立设置的公办性质的专科层次高等职业院校，但由于各自隶属于不同的行政主管部门（单位），实行不同的举办体制，以至于在办学目标定位和社会声誉评级、与经济社会发展规划衔接的专业结构的"针对性"和高等职业院校之间的专业机构的"差异性"等方面表现出各自独有的特点。在申报和实施与完成建设、验收国家级示范性高等职业院校立项建设单位的过程中，各高等职业院校的行政主管部门（单位）利用自身的行政职能和权限或者其他资源优势，为所隶属高等职业院校提供教育政策或者财政支撑，支持所隶属高等职业院校的每一个关键决定和重大行动，使其获得最终的建设成果，达到预期的办学水平。尽管四所高等职业院校都成功入围和完成建设任务，但高等职业院校最终的建设结果和达到的发展水平并不完全一样，或许行政主管部门（单位）为所隶属高等职业院校提供的不同质、不同量的行政支持，是高等职业院校办学状态和办学水平差异化的关键因素。这是本书选题的最初来源。

顺着这一方向继续思考，笔者认为，省域高等职业教育举办体制或许存在着深层次的结构功能问题，具有理论和实践两方面的研究价值。本书以教育部公布的 2015 年度河南省公办专科高等职业院校名单为基本依据，以"省域职业教育举办体制研究"作为研究题目，以行政隶属关系为切入点，分析其对高等职业院校办学的影响，进而提升到其对省域高等职业教育组织体系所具有的影响，借以分析省域高等职业教育举办体制系统的结构功能问题，主要考虑如下。

一、引起关注

在法律意义上，高等职业教育作为职业教育中的高等层次和高等教育中的职业教育类型，同时受到《中华人民共和国职业教育法》和《中华人民共和国高等教育法》两部法律的约束。目前，政府对高等职业教育实行由中央和省级人民政府两级管理，以省级人民政府为主的管理体制，在地级市层面尚未形成高等职业教育被作为职业教育类型，接受所在地级市政府对辖区职业教育进行统筹规划的实际局面。目前，省域高等职业院校主要由省级教育厅局、省级行业厅局[①]、地级市政府、国有企业四类主体举办，按照举办主体的性质分为政府举办高等职业院校、企业举办高等职业院校，政府举办的高等职业院校被分为省属高等职业院校、市属高等职业院校，省属高等职业院校又分为省级政府教育部门主管高等职业院校、省级政府行业部门主管高等职业院校。

曾有按照举办主体对高等职业院校的统计显示，全国独立设置高等职业院校共有 1 215 所，其中省级政府举办 367 所，占比 30.2%；地级市政府举办 399 所，占比 32.8%；行业企业举办 155 所，占比 12.8%（教育部，2010：20）。另有按照举办主体的教育属性对高等职业院校的统计显示，地方政府教育部门、非教育部门举办高等职业院校分别占比 31.29%、68.71%（李运萍，2012：44-49）。两组数据显示，一是非教育部门举办高等职业院校数量是教育部门举办高等职业院校数量的 2 倍还多,表明非教育部门是举办高等职业院校的主力;二是地级市政府举办高等职业院校数量在各种举办主体中占比最高;三是企业举办高等职业院校数量占比不大,企业在举办高等职业教育的数量方面存在较大开拓空间。以上几点说明,高等职业教育具有贴近行业、贴近地方的属性。

国家社会科学基金教育学重点课题"《职教法》修订的实证研究"课题组,于 2012 年对国家教育行政学院举办的第 40 期高校领导干部进修班中的来自全国 30 个省份的 120 所高等职业院校的书记、校长进行调研,收集了关于高等职业教育管理体制方面的书面建议近 200 条。调研对象一致认为"管理体制是高等职业教育面临的最大体制性障碍,高等职业院校的发展必须突破管理体制障碍"(佛朝晖,邢晖,2013:16-19),表明条块分割的高等职业教育举办和管理体制已然成为影响高等职业院校办学的重要因素。目前,高等职业教育的体制性特征表现为条条分割、块块分割和条块分割,但其中最为主要的体制性特征是条块分割,本质上是政府层级上下分割、管理部门职能隔离与交叉并存。条块分割的高等职业教育举办体制对高等职业院校发展的作用表现在正反两个方面:一方面,条块分割的高等职业教育举办体制对高等职业院校的发展具有积极的促进作用,省级政府通过省级政府教育部门、其他行业部门与地级市政府各自独立履行职能,分散力量各自推进不同行政隶属关系的高等职业院校持续发展;另一方面,条块分割的高等职业教育举办体制在运行中,各管理部门出台的相关政策大多是从各自职能出发,总是受到部门视野的束缚,"大职教观"的理念尽管具有共识基础,但是缺乏行政组织的架构支撑(董仁忠,2008:104),以至于在实践中形成学历证书教育和职业资格证书教育难以沟通、按照行政隶属关系分配政府财政拨款催生高等职业院校之间的"不平等待遇"等制度"瓶颈",同在一个行政区域的高等职业院校设置、专业设置、资源配置无法统筹规划,高等职业院校之间难以实现公平发展。

二、问题溯源

20 世纪 90 年代中后期,政府主导集中进行高等教育管理体制改革。建设社会主义市场经济体制的经济改革目标要求政府机构进行改革,中央政府业务部门对全国人、财、物的行业统管职能经过整合后,难以继续支持行业院校办学。经过 1994 年、1995 年、1996 年上海、南昌、北戴河三次全国高等教育管理体制改革座谈会,政府逐渐形成淡化和改变学校单一的行政隶属关系、加强省级政府统筹、变条块分割为条块有机结合等高等教育管理体制改革思路。1998 年,时任国务院副总理李岚清在扬州召开的全国高等教育管理体制改革经验交流会上提出"共建、调整、合作、合并"八字方针后,教育部、财政部、国家计委等政府部门在各省级地方政府的配合下,于 1998 年 7 月、1999年 3 月、1999 年 12 月三次集中调整国务院部门(单位)院校管理体制。其间中央政府提出要求,要改制组建职业技术学院,大力发展高等职业教育(纪宝成,1997:13-15),从此高等职业教育开始逐渐走上发展的快车道。经过改革,国家和省两级政府办学、省级政府为主的高等教育管理新体制确立,原有的中央政府部门办学、单科性院校过多等问题得到改善,中央政府业务部门主管高校数量大幅下降,而地方非教育部门主管高校数量则有所提高,表明改革仍有遗留问题。统计数据显示,1994 至 2007 年,政府非教育部门与教育行政部门高校的数量比例结构由 24.9:1 降低为 4.2:1,地方非教育部门与教育行政部门高校数量比例结构则由 0.3:1 增长为 0.9:1(教育部课题组,2009:3)。

当时教育部要求,省级政府要利用政府机构改革的契机,调整各业务厅局所属学校的管理体制,使地方高校以地方教育行政部门管理为主,非教育部门举办的高校划归教育行政部门管理,原则上各业务厅局不再办学(周远清,2000:1)。实际上,经过改革,中央政府部门和省级政府条块分割办学、中央政府业务部门高校数量超过教育行政部门高校数量的原有宏观格局,在省域层面再现为省级政府部门和地级市政府分割办学、省级政府行业主管部门高校数量超过教育行政部门高校数量的现有中观格局,条块分割的高校举办体制结构问题仍然存在,只是位置从中央层面整体下移分散到省域层面。时任教育部副部长周远清在总结全国普通高等教育管理体制改革的成效时说,当时希望"厅局所管学校应该调整其行政隶属关系,彻底解决行业办学的问题",但结果是"管理体制改革在中央这一级已经基本完成,各省市一级并没有完成,并且也很不平衡"(周远清,2002:4-6)。省域高等教育管理体制上的条块分割在高等职业教育领域表现尤其突出,高等职业教育举办体制凸显成为全国普通高等教育管理体制改革的遗留问题。统筹规划全国高等职业教育的发展格局,从省域高等职业院校条块分割的行政隶属关系类型入手,研究建立科学的省域高等职业教育举办体制,成为一项新的课题。

三、歧路问径

高等职业教育是高等教育的一种类型，是职业教育的高等层次，与经济社会和产业各界联系紧密。根据各国对政府与市场二者何为动力机制的不同选择，世界高等职业教育举办体制主要分为三种模式，即行政模式、社会模式与合作模式。行政模式由政府主导，以公平为核心价值，举办体制以单轨制的政府公办学校模式为主，比如法国、意大利的高等职业教育举办体制；社会模式由市场（需方）主导，以效率为最高价值，举办体制以单轨制的州立社区学院模式为主，比如美国、加拿大的高等职业教育举办体制；合作模式由政府和行业（需方）共同主导，兼顾公平与效率双重价值，举办体制以双轨制的企业与公办学校结合模式为主，比如德国、瑞士的高等职业教育举办体制。中国高等职业院校主要由政府举办，管理者、办学者和举办者三者之间的组织结构以及相互关系共同组成的举办体制主要具有行政模式的特点。改革开放以后，中国以省域"块块"为基本单位的社会经济组织模式取代了以往的行业"条条"组织模式，各省份根据地区资源禀赋、比较优势制定发展规划。经济社会发展的区域主体功能模式，要求高等职业教育凸显地方性，融入地区发展进程，适应区域发展趋势和要求，培养技术技能人才，开展技术研发与转移以及其他社会服务。与高等职业教育办学目标的转变相适应，高等职业教育举办主体由传统的中央政府单一举办主体向省、地级市等地方政府主导，行业企业参与的多元举办主体转化，在全国范围、宏观层次以中央部委高校为主要对象的普通高等教育管理体制改革后，省域高等职业教育举办体制凸显对改革前原有体制结构的继承性，基本的空间范围和系统地位转换为当下的省域范围、中观层次。

未来，条块分割的高等职业教育举办体制如何改革，是会重走20世纪90年代普通高等教育管理体制改革的路径，打破部门办学体制，由中央政府宏观指导，各省级政府主导，地级市政府实施，高等职业院校从行业部门转由教育部门管理，还是在保持现有中央、省、地级市三级政府宏观架构不变的前提下，主要扩大行业企业的高等职业教育举办权与管理权，另走一条与普通高等教育管理体制改革不同的道路？这一问题既关涉高等职业教育规律，更关乎高等职业教育实践，值得深入研究。

四、研究意义

高等职业院校面向社会提供高等职业教育，属于非义务教育，但由于是

"面向人人"提供职业技术和谋生技能的教育,所以具有强烈的教育公益性。举办体制内含着政府各主管部门与所属高等职业院校之间的主体间行政隶属关系、行政管理关系,关系到高等职业院校的人、财、物等办学资源的投入和运转,对高等职业院校的办学能力、办学状态和办学水平等产出状况发挥着决定性的作用,影响现代职业教育体系的建设发展进程和效果,其中行政隶属关系应视为高等职业教育举办体制的核心问题。梳理在中国现有的经济结构和政策框架下,不同行政隶属关系类型高等职业院校发展脉络,找准行政隶属关系类型对高等职业院校发生作用的"密码",彰显和强化高等职业教育的职业性、高教性,使高等职业院校实现公平发展,提高办学效益,在多层次、多领域成为国内国际先进水平院校,更好地为国家和地方经济社会发展服务,具有重要的理论意义和实践价值。

理论方面,本书将从行政隶属关系的视角切入,对高等职业教育举办体制与办学体制两个概念做出区分和界定。以组织生态学理论、结构功能理论、教育公平和教育效率关系理论为基础,建构公办高等职业院校行政隶属关系研究的理论框架。本书采用案例研究法、访谈调查法开展实证研究,对公办高等职业院校的行政隶属关系类型"解剖麻雀",以小见大,分类总结各种行政隶属关系类型下举办主体、办学主体的基本特征及其相互之间的差异,明确高等职业院校举办主体、投资主体、管理主体三者之间以及三者各自与办学主体之间的权责关系,揭示行政隶属关系类型对公办高等职业院校办学的影响,为高等职业教育发展提供理论依据。

实践方面,本书以河南省为例,梳理改革开放以来公办高等职业院校行政隶属关系的实然状态,评估各种举办主体类型下公办高等职业院校办学状态,分析不同举办主体类型对公立高等职业院校办学的影响,提出完善高等职业教育举办体制结构的政策建议,力图释放高等职业院校发展受到的来自举办体制的压力,增强高等职业院校的办学活力。

第二节　文献综述

改革开放以来,国内学者对职业教育管理体制问题较为关注,对相关的概念、原理、问题与对策等都有研究成果,但是对晚近发展起来的高等职业教育及其举办体制问题缺乏系统研究。国内学者对职业教育管理体制的研究和对西方国家的高等职业教育理论与政策实践所做的介绍与研究为本书提供了进一步研究的基础。

为研究和确定行政隶属关系对高等职业院校发展的影响，笔者查询并获取了河南省图书馆、华中科技大学图书馆、郑州航空工业管理学院图书馆、乐山师范学院的部分资料，也通过中国知网、万方数据知识服务平台等国内主要大型网络数据库，百度等中文搜索网站获取帮助。

本书以行政隶属关系为切入点，从举办体制对高等职业教育属性的适应、举办体制对高等职业院校发展的影响、国外高等职业院校举办体制研究、举办体制变革走向现有研究评价与问题再聚焦四个方面进行评述。

一、举办体制对高等职业教育属性的适应研究

高等职业教育属性对高等职业院校的举办和管理体制具有规定性。有学者认为，高等职业教育具有办学机制社会性的特色（王浒，1995：9-14），或者说，高等职业教育具有与实际部门紧密联系的特色（北京联合大学高等职业教育研究总课题组，1995：15-17）。技术型人才的知识与能力要在实际工作场所通过实训获得，这种人才培养目标要求用人单位直接参与培养过程。所以，用人部门参与是高等职业教育的一个基本特征（杨金土，等，1999：57-62）。这些观点说明，高等职业教育与行业、企业等社会实际部门具有天然的密切联系，高等职业院校的专业设置、培养目标、课程体系、教学内容都要根据行业、企事业单位的职业或岗位的技术标准确定。要达到技术型人才的培养目标，高等职业教育应与社会用人单位等实际部门密切合作，采取不同于普通高等本科院校的举办体制和办学机制，完成高等技术型人才的培养目标。

学者对中国高等职业教育管理体制的研究内容，就省域中观层面而言，既涉及高等职业教育管理权限在省、市政府之间的纵向分配问题，也涉及同一层级政府内部高等职业教育管理机构的横向设置问题（本书不涉及同级的地级市政府间的横向关系问题），可概括为"政府层级说"和"部门职能说"两种理论观点。

"政府层级说"的理论基础是科层制理论，实质是高等职业教育管理权限在中央、省、地级市三级政府之间的纵向配置问题，学者提出的解决方案可概括为集权管理型和分权管理型两种模式。高等职业教育要及时地、灵活地满足当地需求，使毕业生留得住、用得上，对高等职业教育的管理应以地方管理为主，"小而全"的地区高等职业教育布局面对本地"多规格、少批量"的人才需求，必将造成教育资源和人才浪费，所以高等职业教育管理体制应符合地方性要求。针对高等职业教育管理体制地方性的要求，学者提出"省级统筹

说"和"地级市统筹说"两种思路。

"省级统筹说"与集权管理型体制相对应,是根据高等职业教育在教育层次上属于高等教育,高等教育现由省级政府统筹管理,故而高等职业教育应由省级政府统筹管理这一思路提出的观点。"省级统筹说"主张在中央政府的统一领导下,省域高等职业教育由省级政府主要负责统筹决策、管理,地级市政府只负责统筹管理中等职业教育。"省级统筹说"得到以下支持。第一,相对于地级市政府而言,省级政府在发展高等教育方面具有政策创新、财政支持的主观能动性,能自主结合省域实际情况贯彻执行国家教育政策和制定地方高等教育政策,根据省域经济发展水平确定高等教育财政支持力度(刘自团,2011:24-27)。第二,"省级统筹说"具有直接的法律依据。《中华人民共和国高等教育法》第十四条规定,高等教育由国务院和省、自治区、直辖市人民政府管理。第三,"省级统筹说"具有广泛的共识。2010年11月参加教育部职业教育专题研讨班的全国22个省、自治区、直辖市的分管职业教育厅长(主任)大多认同"高职的统筹权在省里,中职统筹要在省级的指导下发挥地市和县一级的积极性",主张加强对高等职业教育的省级政府统筹力度(邢晖,2010:61)。

"地级市统筹说"的思路与分权管理型体制相对应,是根据职业教育由地级市政府统筹发展,高等职业教育属于职业教育类型,故而高等职业教育应被纳入地级市政府的统筹范围这一思路而提出的观点。"地级市统筹说"主张高等职业教育在中央政府的统一领导和省级政府的宏观指导下,由地级市政府将本地包括省级政府部门和行业企业举办的高等职业教育在内纳入辖区职业教育发展规划一并进行统筹管理。学者提出的地级市政府对职业教育进行统筹管理的依据有以下两点:一是职业教育培养人才服务范围的地方性(区域性)决定发展职业教育的责任主要在地方;二是地级市政府处在宏观的中央和省与微观的县乡之间的中间层次,拥有立法、规划、财政等手段,具有"均质性"和"结节性"两种典型区域齐备的属性,所以地级市政府应担负职业教育管理的关键责任(刘春生,2003:90-95)。市属高等职业院校一般实行省、地级市双重领导,以地级市为主的举办和管理体制,实行"地级市统筹说"为应有之义,而且已经成为现实。但是地级市政府辖区内的非由本地政府举办的高等职业院校也实行"地级市统筹说"存在两个现实的制度困境:一是地级市本身的存在没有宪法依据,有政治学者主张逐渐减少地级市建制(周振超,2009:247);二是《中华人民共和国高等教育法》第十四条仅授予地级市政府领导和管理中等及以下教育的权力，因而地级市政府未获法律授权领导和管理高等教育（高等职业教育），这一法条与国务院 2002 年 8 月发布的文件中明确规定由地级市政府承担统筹辖区包括高等职业教育在内的职业教育发展责任的政策要求之间存在制度形式与精神内涵两个层面的冲突。由于地级市政府对包括高等职业教育在内的高等教育管理权限没有具有上位效力的法律依据，故而普通地级市政府对高等职业教育的统筹管理权难以全面落实。全国只有若干副省级城市从实行政治领导的意义上，设置本级中共教育工作委员会或者高等学校工作委员会，以与作为副省级城市政府组成部门的教育局合署的形式，对属地高等职业教育以及其他高校进行统筹指导（李振江，2007：42-46）。对普通的其他地级市而言，地级市政府举办的副厅级市属高等职业院校直接接受省级政府教育行政部门的教育教学业务指导，与作为地级市人民政府组成部门的正处级的教育行政部门一般没有业务往来。

"部门职能说"的理论基础是整体性治理理论和管理职能理论，实质是在同一层级政府内部横向的高等职业教育管理部门数量设置和权限配置问题。学者提出的方案可概括为统一管理型（单一部门管理型）和分散管理型（多部门管理型）两种模式。中国高等职业教育实行"在国务院领导下，分级管理、地方为主、政府统筹、社会参与"的管理体制，由中央统一领导，国务院教育行政部门、劳动行政部门两个部门主导和多个行业主管部门负责，以省级政府统筹为主，分中央、省、市三级管理，属于多个政府部门共同管理的分散管理型模式。省级各管理部门的分工是：行政主管部门主要负责高等职业院校的人事和基建经费管理，领导班子配备归口省委组织部，政治思想工作由省委高校工委负责，核拨事业经费由省级财政部门负责，布局层次、办学规模、专业设置、教学业务、招生就业、教师职称等由省教育部门分别会同省发展和改革委员会、人力资源和社会保障部门管理。这种管理模式的问题是高等职业教育整体被多个政府部门分裂管理，多头领导、统筹乏力、政出多门乃至政策"打架"，教育资源（院校布局、专业布点等）配置分散、重复，导致人才培养浪费、办学效益低下。

尽管我国从政策和法律多个层面对高等职业教育举办和管理体制作过界定，但由于失之于笼统，高等职业教育举办和管理体制在现实中被诟病为高等职业教育发展的障碍，引起较多争议。在一项研究中，多头管理的体制性障碍被视为制约高等职业教育发展的重要原因，其中 26% 的受访者认为地级市政府职业教育举办和管理体制存在"多头管理、政出多门"的问题，建议地级市政府向职业院校、行业协会和中介机构放权;统筹地级市职业教育发展规划,明确职业教育管理部门,优化区域职业院校布局、专业结构和招生等资源配置(佛朝晖,2014:64-68)。另一项研究认为,管理体制混乱阻碍职业教育发展,统一管理型模式难以解决职业教育问题,由地方政府统筹,教育部、人社局和其他行业主管部门归口管理的体制可能适合职业教育(邢晖,李玉珠,2014:76-78)。总之,在学者视野中,统一管理型模式和分散管理型模式各有利弊。

学者提出两种应对"部门职能说"的思路。一是加强顶层设计,成立直属国务院领导的专管机构对职业教育进行宏观统管,举办和管理体制从分散管理型过渡到统一管理型(费重阳,1985:40-41)。我国于 2004 年 6 月 4 日经国务院批准建立了由教育部牵头,发展改革委、财政部、人事部、劳动保障部、农业农村部、扶贫办共 7 个部门和单位组成的职业教育工作部际联席会议制度,负责统筹全国职业教育工作。2005 年 10 月,《国务院关于大力发展职业教育的决定》进一步要求"县级以上地方政府也要建立职业教育工作部门联席会议制度"。该项制度由此成为各级政府协调职业教育工作的基本制度。二是明确界定政府部门之间的职业教育举办和管理职能分工。针对多头管理问题,有学者提出将职业教育举办和管理职能进行简化,明确重点培育能将教育和生产实际紧密结合的行业组织并使其充分发挥作用,政府仅负责主导职业教育的发展方向和办好示范性职业院校(励增艳,孔存慧,2008:57-58)。以上两项政策设想,都被政府采纳和实践,分散管理型的职业教育举办和管理体制模式打上统一管理型模式的色彩。

在现有研究中,张少辉的博士学位论文《山东高职教育发展的调查分析与评价研究》以山东省济南市 11 所高等职业院校为例,对各高等职业院校的教学管理体系、教学条件和教学效果等进行问卷调查,分析、评价山东省高等职业教育的发展形势和办学效率,提出相应的对策和建议(张少辉,2010:8)。本书选取的研究对象是地处全国的中部经济带、经济水平稍微靠后的河南省,与前者研究的山东省所处区位不同;本书选取全省公办高等职业院校进行全样本研究,与前者研究地理范围和对象数量有限的样本数量不同;本书以高等职业院校的行政隶属关系为研究视角,与前者反映教育质量状态诸内部因素的研究角度不同。由于以上差异,本书呈现特有的研究价值。

二、举办体制对高等职业院校发展的影响研究

西方学者（W. L. 博伊德，2011：25-27）提出院校的外部制约因素包括地理环境、社会经济背景、政府和地方政策、外部管理结构与指导、人事各方面。我国学者将制约高等职业教育发展的环境因素分为社会环境、政策环境和管理体制三个方面（仲耀黎，2000：39-41）。当下我国管理体制或者外部管理结构的体制性障碍是制约高等职业院校发展的最大障碍（佛朝晖，邢晖，2013：17）。举办体制对高等职业院校发展的影响主要表现在行政隶属关系对高等职业院校的干部人事管理体制、财政拨款渠道、办学自主权的影响，从而影响高等职业院校之间的公平发展和发展效率。

1. 行政隶属关系影响高等职业院校的干部人事管理

行政隶属关系是确立高等职业院校干部人事管理体制的前提和基础。国家长期实行由隶属的政府主管部门代表举办者选任高校领导干部的基本做法，通过界定行政级别对高校进行"行政控制"，使高等职业院校的管理和办学高度行政化。公办高等职业院校作为副厅级事业单位，校级党政干部正职由省委组织部管理，副职由所隶属的主管厅局党组、地级市党委提出人选报省委组织部批复后任免，或由省教育厅会同省委组织部提出干部配备方案。当前高等职业院校干部人事管理体制的问题主要在于，一是高等职业院校领导干部由省委组织部或地级市党委从政府部门按照党政干部的遴选标准和程序选任，较少从高等职业院校内部提任或者从其他本科高校调任，这样选拔产生的领导干部缺乏现代高校管理者的专业素质和管理能力，对高等职业教育的特点和规律不太熟悉，习惯用他们熟悉的管理党政机关的办法管理高等职业院校；二是高等职业院校党政干部正职和副职由省委组织部门和主管厅局分别任免和管理，省教育部门只是被当作高等职业教育的业务管理部门，被排除在非直属高等职业院校党政干部任免和管理体制之外，造成对高等职业院校领导班子的管理权力分散和脱节，也难以保证高等职业院校贯彻落实国家的教育法律、方针政策。为解决以上问题，高等职业院校干部人事管理体制应加以改进，一是省委教育工委、省教育部门应参与研究制定公办高等职业院校领导班子的管理办法，在选拔任用公办高等职业院校领导班子的过程中，省级组织部门要加强统筹指导和工作协调，避免各主管厅局、地级市党委在高等职业院校领导干部管理上各自为政、封闭运转（周建松，2012：59-61）；二是要细化举办者对高等职业院校领导班子管理权责的清单，在省委组

织部门的指导下,省级政府教育部门集中管理具有代表性的高等职业院校的领导班子,其他高等职业院校的领导班子交由举办者地级市党委或行业主管部门管理和任免(沈传缘,等,2002:297-301);三是要加强对高等职业院校领导干部的在职培训,使他们能主动适应教育事业发展需要和现代高校管理的要求。

2. 行政隶属关系影响高等职业院校的财政拨款渠道

1980 年,国家实行"分灶吃饭"的财政体制,高教经费由中央统一管理改为中央与地方按行政隶属关系分级负责、分级拨款。20 世纪 90 年代高等教育管理体制改革后,中央部委基本退出高等职业院校的举办者序列,中央财政不再承担高等职业院校拨款的基本责任,高等职业院校主要由地方政府举办,按照所隶属的政府层级、部门划分政府的投资责任,行政隶属关系成为决定高等职业院校财政拨款渠道的决定性因素。目前政府对高等职业院校的财政拨款多级、多头并存,高等职业教育经费占教育总经费的比例、生均预算经费"双低"。高等职业教育财政拨款级次主要有省、市两级。省级财政拨款区分为与高等职业院校所隶属的省教育部门和其他行业厅局对应的多个归口,由省财政部门的教科文卫处、人事教育处、经济建设处、外事外债处等不同处室分别管理。各市财政为所属高等职业院校拨付的经费因经济水平和财政状况差别而不平衡(刘洪宇,等,2003:87-92)。高等职业教育财政投入存在层级差距和地区差距,通常,省教育部门主管学校高于行业厅局主管学校,省属院校高于市属院校,发达地区市属院校高于落后地区市属院校,中央企业院校高于省属企业院校。目前省属高等职业院校基本能够按照"综合定额 + 专项补助"的拨款方式获得以学生人数为基本依据的教育经费,许多市属高等职业院校只能按照学校在职人员数以及学生定额获得教育经费,有的市属高等职业院校连经费定额也达不到(谢毅哲,谢琛,2015:93-95)。政府按照行政隶属关系形成的投资体制造成高等职业院校之间"厚此薄彼"的投资效果,不利于高等职业院校之间公平发展(林文聪,2012:17)。为解决高等职业教育投入严重不足的问题,一是在指导思想上,国家应加大财政性投入占全国国民生产总值(GNP)的比重,明确规定中央财政和地方财政作为高等职业教育的主体投入必须达到全国国内生产总值(GDP)的一定比例,缩小高等职业教育与普通高等教育之间的财政投入差距(李兴洲,2012:49-52)。二是在经费来源渠道上,要扭转单纯强调"多渠道"教育投入而弱化、取消政府财政预算为主的支持高等职业教育发展的政策导向,坚持政府投入为主的原则:中央政府投资重点转向解决省际教育公平问题,主要向中西部地区加大财政转移支付力度;打破按照行政隶属关系拨款的投资体制,强化省级政府的投资责任,减轻地级市政府的财政压力,建立以省级财政拨款为主、地级市政府等举办方投入为辅的经费投入新体制(谷振清,姚晓明,2012:96-99)。三是在拨款方式上,政府应调整财政拨款依据,制定生均经费拨款标准与高等职业院校表现标准相结合的财政拨款公式,以办学规模等作为主要依据进行财政投入,保障财政投入的效果,维护高等职业教育公平(李建忠,孙诚,2014:96-101)。

3.行政隶属关系影响高等职业院校的教育教学自主权

《中华人民共和国高等教育法》第三十二条到第三十八条规定高等职业院校等高校具有招生、专业设置、教学、科研、跨境交流、内部机构设置和人事管理、财产等七项办学自主权。随着政府职能转变和高等教育管理体制改革的深入,高等职业院校在招生和办学规模、专业设置、教学安排、经费使用等方面的自主权越来越大。目前高等职业院校的办学自主权受控于所隶属的政府主管部门,但不同行政主管部门对办学自主权的干预程度不同。高等职业院校的招生、专业设置、教学、科研课题的申报、跨境交流、内部机构设置和人员调动、教师职称评聘、工资调整、资金调配等均须首先报经行政主管部门批准,随后前述招生指标、办学规模和专业设置等事项须再报经省级政府教育部门审批,跨境交流、内部机构设置和人员调动、教师职称评聘、工资调整等事项须再报经省级政府人力资源和社会保障部门审批,学费标准、设备购置、基本建设、资金调配等财产事项须再报经省级政府发展和改革委员会、省级政府招标投标管理部门、省级政府财政部门审批。省级政府部门过多的行政干预抑制了高等职业院校的自主责任意识和自主发展能力,应落实和扩大高等职业院校的办学自主权。

三、国外高等职业院校举办体制研究

与我国专科层次的高等职业院校相当的西方发达国家教育形式,以美国社区学院、德国双轨制高等职业学院较为典型和知名。

美国社区学院与我国专科层次高等职业院校相当,分为州政府管理的社区学院和州立大学管理的社区学院。本书主要讨论州政府管理的社区学院(简称美国社区学院)。美国是典型的联邦制国家和教育实行地方分权的国家,条块之间实行"分工型模式"。在社区学院管理体制中,联邦、州、学区三级政府都由本行政区域的选民选举产生,彼此分立并存,没有上下级行政隶属关系,但彼此之间也存在分权基础上的合作和控制关系。联邦政府只有通过立法提供资助,由联邦教育部编制预算和组织教育研究、收集和发布教育信息,对各州进行间接指导的权力;州政府通过州议会、州法院和州教育管理机构(州教育委员会决策、州教育厅执行)直接行使社区学院管理权,对社区学院提供财政拨款,进行宏观的规划、协调和治理,而不干预社区学院的内部事务;学区是社区学院的管理重心,作为独立于行政区划、专司教育事务的基层行政机构(学区教育委员会决策、学区教育局执行),利用自有的征税权为社区学院提供教育经费和制定不违背州法的教育政策等(郭朝红,王彬,2001:28-29,41)。

德国高等职业教育办学主体包括应用科技大学和职业学院,其中的职业学院与我国专科层次高等职业院校相当。德国是由 16 个州组成的联邦制国家,条块之间实行"合作型模式",职业教育由联邦政府、州政府、各州之地区政府三级政府管理,三者之间具有合作紧密而又区别于其他联邦制国家的特点,联邦政府、州政府可指导和监督乃至强制要求下一级政府接受委托行政或者执行事项,但绝非命令与服从关系。根据 2006 年 7 月 7 日《联邦制改革方案》对 1949 年《基本法》有关条款的修改,德国联邦政府通过联邦教育和研究部负责高校学生录取和毕业及文凭互认、学生资助、科研资助以及双轨制职业教育中的企业培训事务;各州享有文化教育领域的立法权和管理权,职业学院等所有的学校均为州属国家设施,受各州学校法、学校职业教育法等州法约束,州政府作为公立高校的直接举办者承担供养职能和管理职能,各州之间的教育政策差异通过联邦各州文教部长联席会议实现协调和统一;行业协会作为职业教育的主管机关,负责培训企业的资格认定、监督培训和考试、成绩认定与证书发放等事务。

美国与德国都是联邦制国家,两国政府管理高等职业教育的方式和机构具有相同点和不同点。两国的共同特点是,联邦政府都没有直接管理高等职业教育的权力,但可以通过立法、资助、信息发布等方式对各州高等职业教育施加影响;州一级政府承担高等职业教育管理的主要责任,州教育部门利用州法、政策、经费等方式直接管理高等职业教育;地方政府在州法律、政策的直接指导下组织地方高等职业教育机构自治。两国的不同在于,美国各级政府对高等职业教育的控制力较弱,高等职业院校自治比较彻底,而德国各级政府对高等职业教育的控制力相对较强,政府和行业协会对高等职业院校的教育教学管理较为具体细微,行政色彩浓厚。

　　美国联邦政府与各州政府的管理机构设置不同,各州的管理机构设置和管理模式差异也很大。美国联邦教育部对社区学院没有直接的权力,主要运用教育立法和教育拨款两种手段,引导促进各州教育发展。各州由本级议会或州长决定设置的社区学院管理机构各不相同。1965年调查发现,在设置社区学院统一领导机构的美国各州中,20个州由州教育委员会管理,6个州由州教育厅管理,6个州由州初级学院委员会领导,13个州由州高等教育委员会领导或者纳入州立大学体制,由四年制州立大学直接领导。1980年调查发现,15个州设置专门委员会领导社区学院,10个州设置高等教育委员会负责包括社区学院在内的全州高等教育事务,5个州将社区学院纳入州立大学领导,15个州设置协调各级教育的委员会。在各州的社区学院学区里,大多数仅设置一所社区学院,由当地选举产生管理委员会或称董事会负责管理社区学院事务;也有学区设置多所社区学院,由学区统一领导(毛澹然,1989:153-157)。尽管各州社区学院管理体制差异分明,但都可归入统一治理模式、分类治理模式、市场模式和干预模式四种管理模式之中。不同的管理模式或组合与全州高校的整体水平、顶尖公办高校的数量多寡存在一定关系,其中在分类治理模式、市场模式和干预模式三种管理模式的组合下,一州高校的平均质量和顶尖公办高校的生长数量较为理想(王绽蕊,2013:8-16)。多样化的管理模式有助于增强社区学院办学的灵活性和实用性。

　　德国联邦政府负责管理职业教育的政府部门主要有联邦教育和研究部、联邦劳动与社会秩序部和相关的联邦各业务主管专业部。联邦教育和研究部负责宏观管理职业教育事务。联邦有关专业部经与联邦教育和研究部协商,负责认可与撤销培训职业以及发布各职业的培训章程等业务。联邦劳动与社会秩序部的主要任务是预测劳动力市场变化和需求以及提供职业培训经费等(黄日强,何小明,2007:61-65)。州级的政府机构设置与联邦政府大体相同,对高等职业教育负主要责任,州文教部是各州的最高教育行政机构,州经济部、州劳工局等有关部门负责协调本州职业学院、培训企业与相关行业协会之间的关系以及由州负责的联邦经济部等联邦部门委托的其他职业教育管理业务(郑小琴,邹俊,2009:87-88)。根据巴登-符腾堡州的《职业学院法》,州文教部内设一个负责职业学院设置与撤销、培训及考试等事务的管理委员会和三个负责制定职业学院所设技术、经济、社会服务专业领域教学计划和培训大纲的专业委员会(王东江,2001:8-12)。各级政府内部建立合作管理机制,而非单纯的行政管理机制,政府各个相关部门以及德国工商业行会、手工业行会等自治团体都作为职业教育的社会相关者,在各个政府层级通过具体的平台开展分工合作,合力完成职业教育管理目标和工作任务。

在上述研究中,美国和德国两国在政府高等职业教育管理机构方面具有相同点和不同点。两国的相同点是,在联邦和州一级,教育行政部门都被作为主管机构对高等职业教育进行立法、政策领导,地区一级的管理机构主要负责业务管理。两国的不同点是,美国的高等职业教育管理属于统一型政府机构模式,三级政府都是主要由教育部门一个管理系统从上到下负责高等职业教育事务,州一级的管理机构设置和工作机制各不相同,地区一级则都专设学区负责高等职业教育事务,属于学校本位模式;德国的高等职业教育管理属于多部门分工型政府机构模式,在三个政府层级中,每一级都由教育部门和其他专业部等多个政府部门分工负责,也都有行业协会代表企业利益参与管理,而且各个层级政府的管理机构设置、工作机制大体相同,属于企业本位模式,学校职业教育处于辅助地位。

四、举办体制变革走向现有研究评价与问题再聚焦

经济合作与发展组织(W. L. 博伊德,2011:22)将教育管理分作国家、地区、地方和机构四个管理层级,其中前两个层级较为关注政治、经济因素对教育管理决策的影响。在本书中,前述四个教育管理层级与我国高等职业教育举办体制中中央政府(包括中央政府各部门)、省级政府(包括省级政府各部门)、地级市政府(包括地级市政府各部门)和高等职业院校本身四个层级相对应。按照马林逊(W. L. 博伊德,2011:23)对教育体制根据责任与决策所在的政府层次所做的划分,中央政府、省级政府、地级市政府对高等职业教育的管理分别与中央集权型、地区管理型和本地管理型三种体制大致对应。在中国,随着20世纪90年代高等教育管理体制(国家层次、中央集权型)改革的结束,高等职业教育已经被纳入中央、省两级政府分级管理,施行以省级政府(地区层次、地区管理型)为主进行统筹的宏观管理体制,又因为高等职业教育属于职业教育的组成部分,还应被纳入地级市政府(地方层次、本地管理型)的职业教育规划之中。总之,我国对高等职业教育管理权经过两次分割,第一次是从中央集权到中央、省两级政府分权,第二次是在第一次分权结果的基础上发展为中央、省、中心城市三级政府分权,行政权力和重心逐次下移。目前高等职业院校(机构层次)的行政隶属关系主要在省、市两级,举办主体为省级政府的教育部门和其他行业部门、地级市政府以及少数大型国有

企业,管理主体则涵盖具有综合管理职能的教育部门、人力资源和社会保障部门以及其他相关职能部门。这种举办体制兼有单一部门制模式和多部门分散制模式的特点,其中分散制模式的特点较为显著。

文献梳理显示,在20世纪90年代的高等教育管理体制改革中,中央政府部门大部分已经退出高等职业院校的举办主体序列。2013年,全国有中央直属高等职业院校24所,其中非教育部门举办8所,国有企业举办16所(王维华,2014:47),中央财政不再承担对高等职业教育投资的主要责任。目前公办高等职业院校以省域举办为主,省级教育部门、省级行业厅局、地级市政府、大型国有企业四种行政隶属关系并存。行政隶属关系对高等职业院校的影响集中表现在人、钱、事三个方面,主要涉及高等职业院校干部管理权限和管理方式、经费投入体制和办学自主权,综合体现在高等职业院校的办学状态与办学水平方面。在现行高等职业教育举办体制中,各级政府部门条块分割、政出多门,财政投入总体严重不足,高等职业院校之间因行政隶属关系不同而呈现不同的办学状态和办学水平。

学者认为,我国高等职业教育现行条块结合,以块为主,由教育部门、劳动保障部门、部分行业主管部门等多头领导(多条领导)分级管理(分块管理)的管理体制不适应已经变化的经济体制,其中最大的问题是条块交叉分割(宋旭峰,1997:35-36)。为判断现行高等职业教育举办体制的未来走势,需要解决两个问题,一是针对"政府层级说",在坚持中央对高等职业教育进行国家层次统一领导的前提下,省域是以地区层次的省级政府进行地区管理为主,还是以地方层次的地级市政府进行本地管理为主,有利于省域高等职业院校实现教育公平;二是针对"部门职能说",未来在横向上是维持现行多个政府部门共同参与管理的多部门分散制模式不变,还是变革为由某一个政府部门单独管理高等职业教育的单一制模式,充分吸取现有行政隶属关系的优势,摒除现有行政隶属关系的弊端,发育出应然的理想的行政隶属关系模式,使公办高等职业院校保持最优的办学状态和办学水平,达到理想的办学效率,保持活力四射的高等职业教育整体图景。

本书将中央政府对全国高等职业教育的宏观领导关系存而不论,而将以上两个问题具体分解为,在省域公办高等职业院校现有的四种行政隶属关系中,政府、国有企业何者适合担当主要的举办主体;在政府举办者中,省级政府、地级市政府何者适合担当主要的举办主体;在省级举办者中,省教育部门、行业厅局何者适合担当主要的举办主体。一言以蔽之,即哪一种行政隶属关系或者综合多种行政隶属关系优势的举办体制更加符合高等职业教育的办学规律,使高等职业院校办学状态稳定、办学水平优异,在公平和效率的双重考量下适宜作为未来倡导的样本。就笔者目力所及,这样的实证研究尚付阙如。

当前我国的基本国情是人口众多,经济总量虽然近年已跃居世界第二位,但人均经济指标仍居世界后列,而且东中西部经济社会发展不均衡,与美国、德国等发达国家的国情殊为不同。对于美国、德国等高等职业教育先进国家的管理经验和实际做法,一方面要大胆借鉴,另一方面必须紧密结合我国的国情,不能照搬照抄。

综上所述,本书将以河南一省为例,在教育公平与教育效率关系理论框架下,对不同行政隶属关系类型的高等职业院校的不同行政主管部门的行政职能属性,对隶属于不同政府层级、不同行政主管部门的高等职业院校获得教育资源的公平性和产生办学效益的效率性进行实证研究,深思高等职业教育举办体制的本质属性,据以比较研究不同举办体制的属性优劣,从而预判高等职业教育举办体制的理论走向,并据以提出相关的政策建议。

第三节　研究设计

本书的研究设计包括研究对象、研究思路、基本假设(论文拟提出的主要观点)、研究方法、论文内容与结构、可能的创新点与不足等。

一、研究对象

本书按照从组织个体到组织系统整体的顺序,以省域为研究地域范围,以高等职业院校行政隶属关系为研究视角,将高等职业院校归入省级教育厅局、省级行业厅局、地级市政府和国有企业四种举办主体为主导的行政隶属关系类型,以高等职业院校组织个体所归属的行政隶属关系类型为研究单位。

二、研究思路

本书按照演绎(总)——归纳(分)——结论(总)的逻辑顺序进行总体结构设计,采用组织生态学、结构功能理论建构研究对象的系统框架,以教育公平与教育效率关系理论作为价值评估标准,从行政隶属关系的研究视角出发,选取 2015 年河南省公办高等职业院校全样本数据,按照文献整理——省域高等职业院校专业结构与社会声誉评级项目资料整理——案例高等职业院校的访谈调查——理论解释——政策建议的技术路线开展研究,界定"举办体制是什么",解决"举办体制基于什么标准""行政隶属关系应该什么标准"等问题。研究思路的分步具体内容如下。

(一)文献整理

围绕研究主题收集整理国内、国外文献资料,国内包括全国范围宏观性、省域范围中观性、高等职业院校范围微观性三个层面的文献资料。在了解高等职业教育宏观管理体制(教育行政体制)的基础上,重点考察基于教育公平与教育效率价值理论视角下的高等职业院校在不同行政隶属关系类型下的办学状态和办学水平,以确定行政隶属关系类型对高等职业院校组织个体办学状态的影响机制和影响状况。

(二)2015 年河南省高等职业院校全样本数据

收集采样年份的全样本河南省域公办高等职业院校概况和数据(限于举办主体、办学主体、专业结构、社会声誉评级等方面),概括四种行政隶属关系类型下高等职业院校举办体制的特征。

(三)案例高等职业院校访谈调查

在每一种行政隶属关系类型下各确定一所高等职业院校作为案例研究对象,实施访谈调查,揭示行政隶属关系(类型)对高等职业院校办学影响的机制与机理。针对河南省教育厅、河南省级行业厅局、河南省辖地级市政府、河南省属国有企业四种高等职业院校行政隶属关系类型,分别选取 HHSL 职业技术学院、HN 职业技术学院、HB 职业技术学院、YC 职业学院四所高等职业院校作为研究案例,以每一所高等职业院校的人事处、财务处和教务处三个职能部门的负责人作为访谈对象,按照预定的访谈提纲逐一联系进行访谈。

(四)理论解释

描述实然状态四种行政隶属关系下不同公办高等职业院校的办学特征,比较四种举办体制的优势与不足,解释行政隶属关系对高等职业院校办学所产生的教育公平与教育效率影响,提出符合高等职业教育规律的举办体制应然结构。

(五)研究结论

在前述研究的基础上,本书针对实际的河南省高等职业院校举办体制结构与状态,结合受其影响的高等职业院校办学状况,构建高等职业院校行政隶属关系和举办体制模型,提出省域高等职业教育举办体制结构变革的政策建议。

三、基本假设

本书拟提出以下主要观点。

(1)高等职业教育的"高""职"等属性要求高等职业教育以行业管理部门举办为主,产业实际部门深度参与教育教学活动,实现校企合作育人。

(2)省级教育厅局、省级行业厅局、地级市政府、国有企业等四种举办主体的业务性质、职责范围对高等职业院校的办学存在显著影响,每一种行政隶属关系下高等职业院校的办学都带有行政主管部门(单位)的行业性质、职责范围等特点的痕迹,使高等职业院校办学带有差异明显的行政隶属关系类型属性,阻碍教育公平和教育效率意义上的高等职业院校发展。

(3)四种高等职业院校举办主体实质都是国家政府单一主体,行政隶属关系类型按照贴近于高等职业教育本质的状况而呈现出在性质和程度上适合于高等职业院校的差异。举办主体不同呈现的体制差异性对高等职业院校办学职能和教育效益产生的作用不同,使高等职业院校对举办主体被动地施以行动理性。

(4)理想的省域高等职业教育举办体制模式是,在中央政府的宏观政策指导下,以省级政府举办为主;投资实行以省级财政为主的体制;取消地级市政府和国有企业的举办主体资格,国有企业保留为高等职业教育的参与主体;高等职业院校用足、用好办学自主权。

四、研究方法

根据本书的研究问题、研究内容及研究思路,本书采用的基本方法是实证研究法、案例研究法等。

(一)实证研究法

拟采用高等职业院校专业结构和社会声誉评级项目的全样本数据、案例院校预定对象访谈调查,以定量、定性相互结合与补充的方式进行实证研究,来实现研究目标。做好对河南省域所有公办高等职业院校的举办主体、办学主体的历史与现状资料的收集和整理,判断行政隶属关系类型对前述各个项目所产生的影响。

(二)案例研究法

对数据分析中难以反映的情况或者问题,从每一行政隶属关系下各确定一所高等职业院校作为案例研究对象,采用访谈调查的方式取得定性的第一手原始资料,归纳案例院校之间的共性特征与个性差异,以获得对高等职业院校行政隶属关系的整体认识。

选取 HHSY 职业技术学院(隶属于河南省教育厅)、HNZY 职业技术学院(隶属于河南省人力资源和社会保障厅)、HBZY 职业技术学院(隶属于河南省鹤壁市人民政府)、YCZY 职业学院(隶属于河南能源化工集团有限公司,商丘市人民政府参股)四校作为案例研究对象,对预定的访谈对象按照预定的访谈提纲逐一进行访谈调查。在访谈分析的基础上,对河南省高等职业院校按照行政隶属关系类型的视角进行归类比较研究。

五、本书内容与结构

全书分为总论、分论和结论三个部分。在具体结构安排上,除开端处的绪论之外,中间的主体部分设计为九章。

第一部分是总论,包括绪论、第一章和第二章,进行文献综述和讨论研究设计,分析理论基础、国家与省域层面的管理体制和举办体制政策基础。

第二部分是分论,包括第三章到第六章,对省域高等职业院校按照行政隶属关系各用一章的篇幅,分别考察不同行政隶属关系下的举办主体、办学主体状况。

第三部分是结论,即第七章、第八章、第九章,对前面四种行政隶属关系的举办体制运用理论基础,从组织生态学、结构功能理论和教育公平与教育效率关系理论三个角度进行理论概括,总结分析现有行政隶属关系模式的实质意义及其对于高等职业教育影响的利弊所在,提出高等职业教育应有的举办体制目标模式,以及基于现有体制的分阶段变革步骤和愿景对策。

六、可能的创新点与不足

(一)可能的创新点

以省域中观层面切入,考察省域高等职业院校举办体制类型的逻辑、现状和历史轨迹,为高等职业教育举办体制发展变革探索理论逻辑和实践走向。

省域高等职业教育组织体系在行政隶属关系类型影响下,举办体制结构整体上表现为体制的差异性特点和管理机制上的机制趋同性特点,即省域高等职业教育举办体制结构上的表面特征是举办体制不同、组织机制趋同,实质是高等职业教育本质上的"行业性"在举办主体和办学主体关系之间的差异性的外在表现。

受不同行政隶属关系类型影响,高等职业院校获取教育资源的能力不同,并呈现不同的办学能力和办学水平。省域高等职业教育举办体制改革的关键所在是从高等职业教育本质上的"行业性"出发,去除举办体制结构本身存在的公平性问题,避免使高等职业院校的外部效率和内部效率受到影响。

从高等职业教育所具有的技术技能性(行业性)、高等性的属性出发,根据公平优先、兼顾效率的原则,确定高等职业教育举办体制结构的未来走向,理清和处置其"变"与"不变"。

(二)研究不足

鉴于公办高等职业院校与民办(私立)高等职业院校的行政隶属关系类型和体制机制差异太大,限于时间和精力,笔者暂将民办(私立)高等职业院校所专有的行政隶属关系类型和举办体制问题搁置,留待以后进行专题研究。

以河南一省为例,观照举办体制类型对高等职业院校办学的影响,是否具有在空间范围更大的全国、其他省域,或者更小的省域之内其他层面研究的适用性,值得后续跟进研究揭示。

第一章

概念界定和理论基础

本章对研究所使用的核心概念、基础理论进行定义和介绍。首先对全书的基础概念——职业教育利用亚里士多德本质学说进行严格的形而上学意义上的定义,在此基础上,对本书的核心概念——高等职业教育、举办体制进行定义以及与其他相关概念或者相近概念进行比较,用以明晰本书的研究对象。

本书的理论基础包括为本研究提供理论背景的组织生态学理论、高等职业院校组织个体(体制)结构(办学)功能理论、教育公平与教育效率关系理论。

第一节　概念界定

本节在亚里士多德本质学说意义上对职业教育的概念进行定义,并就研究中主要使用的高等职业教育概念和属性,高等职业院校和公办高等职业院校,行政隶属关系,管理体制、举办体制和办学体制等四组核心概念进行界定。

一、本质主义的职业教育概念

职业教育在我国似乎一直都是实践火热、理论疲弱,与包括基础教育和高等教育在内的各层次的学术教育相比,总是处在圈层的低位循环。理论与实践的一般关系是,理论应该结合实践,但是,理论应该走在实践的前面,不然就会陷入康德所说的"思想无内容则空,直观无概念则盲"的局面。在职业教育理论研究和实践活动中,职业教育概念处在起点和核心的位置上,应该首先得到阐明。但是,现有的职业教育概念,由于缺乏形而上学意义的探究,我们不能由以"看到"和运思职业教育本质,也就无法彻底把握职业教育自身。因此,这里拟借助于亚里士多德的本质学说,尝试重新思考职业教育概念。

(一)现有职业教育基础理论亟须形而上学研究

在相对低迷的职业教育研究领域,天津大学、天津职业技术师范大学等校数位学者以及他们指导的研究生,持续专注研究职业教育的理念及逻辑起点、本质及属性、哲学多元化追求、职业技能意涵与职业技术传承以及学科理论建设等职业教育基础理论专题,取得的研究成果为本书奠定了基础。但是,在既有研究成果中,由于定义基础概念"本质"的理论依据不够严格,所作论证及所得结论不够周延,无法形成对职业教育本质的把握。

(二)学界前辈深思概念的方法转向哲学本原

教育本质是顾明远先生长期关注的一个研究主题。在 2000 年以来的 20 余年间,顾明远先生坚持就教育本质问题从定义、原点、理性、本原、价值等多个角度进行系统思考,先后发表过 10 余篇研究论文阐述自己的学术主张。顾明远先生对教育本质以及对大学本质进行长期思考的研究现象,引起其他教育学者的注意。石中英(2018:4-11)、刘宝存(2018:13-19)曾发表专文就顾明远先生的相关主张进行专门梳理和深入总结。

陈桂生先生在持续至今数十年的教育学研究中,出于改变教育学"概念缺乏单义性,导致论证不周延,其理论便缺乏说服力"的现实状况考虑,经常就教育活动中常用概念的内涵、逻辑、起源、体系、要素、关系、形成、演变、现象等进行系统的或者反复的讨论。他对要考察的中文的教育学概念通常要追溯到概念的英文、拉丁文或者德文等西方语言源头,结合概念的语义学和语用学等语言学的历史演变一路追根溯源,廓清概念的各种意义"添加",最后再回到中文语境,指正中文概念的应有之义。陈桂生先生的教育研究凸显清理基础概念的语境及其意义的方法论特色。

顾明远、陈桂生两位前辈针对教育学科的基本问题和基础概念所展现的锲而不舍的求真精神和研究所使用的正本清源的思辨方法使我们深受鼓舞。基于前辈行思的精神感召和方法影响,笔者从对西方哲学思想的研读入手,力求在理念和方法上多加揣摩,试图解除自己在职业教育研究方面遇到的根本困惑。

（三）现有职业教育本质研究未能揭示职业教育本质

在中国知网对"学术期刊"项下的"北大核心"和"CSSCI"两个栏目一并检索"职业教育本质"，共找到186条结果，其中以"职业教育本质"为直接研究主题的期刊论文有20篇。

在这20篇论文中，学者们定义基础概念"本质"的文献依据包括国内学者编写出版的《辞海》《现代汉语词典》，郝迟、盛广智、李勉东主编的《汉语倒排词典》等辞典类中文工具书，苏联弗罗洛夫主编的《哲学辞典》，以及2篇学术期刊论文，或者直陈所依据的是马克思主义哲学原理。研究路线主要是通过对社会史、教育史、技术史的梳理，将研究问题聚焦于社会学视角的职业领域、技术哲学视角的技术系统、教育学（大职业教育）视角的工作体系三个视域，分别利用社会学、技术哲学、教育学（教育哲学）或者马克思主义哲学等原理展开演绎，得出各种结论。将对基础概念"本质"的理解就亚里士多德本质主义哲学而言纯然有误的9篇论文剔除以后，余留11篇论文，按照定义依据的标准，区分为内容定义、功能定义、性质定义和本质定义4个类别（详见表1-1-1）。

表 1-1-1　职业教育"本质"定义一览表

定义类型	序号	研究结论	定义依据	文献来源
内容定义	1	职业教育是以技能为中心的综合职业能力的教育，这是职业教育的本质所在	职业教育的哲学基础：对职业教育的一般规律探索应从教育哲学和技术哲学两个角度出发	俞启定,和震.职业教育本质论[J].中国职业技术教育,2009(27):7,9,10.
	2	职业院校有责任把自己的办学定位定在提升劳动大军的综合职业能力上，这才是职业教育的本质体现	（未给出）	李玉香.职业教育的本质是提升我国产业大军的综合职业能力[J].中国劳动关系学院学报,2011,25(3):84.
	3	职业教育的本质是在专门学习场所或工作场所通过信息传递来促进人的职业素质发展的实践活动	马克思主义哲学基本原理和马克思主义人学思想为厘清职业教育本质研究的基本概念和研究路径提供了指导。……本文选择了从现象到本质的研究路径，通过分析职业教育内、外部的联系来揭示职业教育的一般（普遍）本质和特殊本质	宫雪.职业教育学科建设中的若干理论问题研究[J].职教论坛,2012(25):40. 薛克诚.人的哲学——马克思主义人学理论新探[M].北京:中国人民大学出版社,1992:99-101.

定义类型	序号	研究结论	定义依据	文献来源
内容定义	4	职业教育的现实本质是培养掌握特定技艺的职业人,理想本质是在职业教育领域融合传统职业技能培训和学术教育,培养具有全面、协调、可持续发展能力的现代职业人	马克思将事物的本质分为现实本质和理想本质 事物的发展过程就是从现实本质走向理想本质的过程	王良,梁卿.论现代职业教育的本质[J].职教论坛,2016(22):18-20.
功能定义	5	教育类型"二分法"指导下的职业教育本质:职业教育是一种广义的大职业教育,即与普通文化教育相对应的、涵盖针对职业的所有专门教育	(未给出)	李政云,欧阳河.从教育类型划分谈职业教育本质[J].职业技术教育,2003,24(4):17.
	6	职业教育的本质是帮助人们获得技术应用型技能型职业的能力和资格	(未给出)	欧阳河.职业教育基本问题初探[J].中国职业技术教育,2005(12):19-26.
	7	职业教育的本质是一种教育服务,这种服务就是为了让受教育的人掌握某种理论和技能,从而能够更好地满足人的生存和发展的需要	(未给出)	陈齐苗.也谈职业教育的本质——读俞启定先生的《职业教育本质论》有感[J].职教论坛,2010(7):79-81.
性质定义	8	职业教育的本质是技术性和经济性	(未给出)	孟景舟.教育的演进与职业教育的本质[J].成人教育,2006(10):47-49.
	9	黄炎培关于职业教育本质的论述是"职业学校有最紧要的一点,譬如人身中的灵魂,'得之则生,弗得则死'。是什么东西呢?从其本质说来,就是社会性;从其作用说来,就是社会化"	(未给出)	费重阳,张元,阎妍.谈黄炎培关于职业教育本质的论述及现实意义[J].教育与职业,2009(15):5-7.
	10	职业教育的本质是教育性和职业性的耦合	(未给出)	廖策权.教育性和职业性是定位职业教育本质的应然视角[J].教育与职业,2017(3):100-104.
本质定义	11	"技艺授受"是职业教育的本质,这符合辩证唯物主义对事物本质的判定标准	(未给出)	刘晓.职业教育本质:历史、事实与价值[J].职教通讯,2011(9):1-8. 刘晓.职业教育本质的再审视[J].职教论坛,2010(10):8-11.

在表 1-1-1 中,定义 1～4 是将职业教育的内容界定为职业教育本质,定义 5～7 是将职业教育的功能界定为职业教育本质,定义 8～10 是将职业教育的本质属性等同于职业教育本质。我们要问:内容是不是本质?功能是不是本质?本质属性是不是本质?根据亚里士多德本质学说,以上这些界定都不能称之为本质,只有定义 11 才有所接近。那么,定义 11 是不是亚里士多德意义上的本质?职业教育本质,即职业教育是什么,对这一问题的解答求知引导我们回到亚里士多德哲学,求得"本质"的形而上学意义。

(四)追寻亚里士多德本质学说真义

追索中文文献里的亚里士多德哲学文本以及我国学者对其中的"本质"学说所做的相关解读,得到亚里士多德意义上的"本质"与"定义"的如下理解。

"实体"在亚里士多德《形而上学》(1990:130)中的希腊语词,汉语译为"所以是的是"。该希腊语词的英文译法即"本质"(大卫·罗斯,2017:126)。希腊语词"实体"本义及其英文译法"本质"两者是同义指称,汉语表述"实体"就是"本质"。周迈将希腊语词"实体"译为蕴涵着时间性的指称"是它曾是的什么"(周迈,2001:58),寓意"是它"一词的过去时态"曾是"的宾语"什么"即事物的本质,表明本质意义上的"过去之是"是实体意义上的"现在之是"的来源和原因。实体是事物的本身(自身),是形式与质料的复合物。表示本质的"过去之是"是实体被抽象出的整体形式,尽管不是实体的全部(乔纳森·李尔,2021:309),却是实体最真正的"所以是",而构成实体的质料不是事物的本质。根据揭示实体内在逻辑关系的"四因说",抽象地显示成本质的东西即形式因,质料因素被排除在本质以外。进一步分析,本质一般是从目的论意义上根据实体功能对其他因素的决定性作用,用目的因赋予其范导"四因"中的其他原因的在先地位来解释自然实体构造原理,或者是用动力因从机械论意义上通过外在的推动者揭示人工实体构造原理。这样,本质又是目的因,即形式因与目的因同一。

"定义乃是揭示事物本质的短语。"(亚里士多德,2003:355)"定义"是用短语形式命名的指称本质的词项,"揭示事物本质"是用语义分析推理的解释本质的意谓。亚里士多德所说的定义,是利用词组做出语言上的定义,去描述存在论上独立的事物的可被理解的本质,定义的方法是用属加上种差去描述(被定义对象)种。因为事物的本质是唯一的,所以,事物的定义也是唯一的。本质属性只是附存于事物的本质而不能独立自存的固有属性,"揭示事物本质"的定义并不表示事物的本质属性。

亚里士多德开创的本质学说,从古希腊至今,演变出本体论的本质主义、认识论的本质主义和语言论的本质主义三种哲学理论形态。后现代主义者即使发起反本质主义的质疑,他们只是试图改变对本质的理解方式,亚里士多德本质学说所具有的绝对主义、基础主义和科学主义的特质并未被否决,至今仍不失对人类理性思维所具有的基本规定性作用。

(五)职业教育概念的形而上学理路

关于职业教育本质,学者们在所做出的既有研究中提出的以上 11 种主张在数目上为多,而且它们不能通过逻辑归并的办法达到数目为一,因而是对亚里士多德所说的本质在数目上为一的否定,这样就存在形态而言并没有给出职业教育本质。本书提出的对职业教育概念的形而上学理路是,首先,从形而上学意义上对"教育"进行定义,其次,根据亚里士多德定义法和"四因说"思考和确定职业教育本质。

1. "教育"的形而上学意义

根据亚里士多德《范畴篇》,教育显然不是实体,它只是归属于九个偶性范畴中的"施为(活动)"范畴的附存于个体主体的一种偶性,并且,就同一主体而言,也不归属于他的与"施为(活动)"范畴作用方向相反的"遭受(受动)"范畴。即教育表示的是附存于教师主体的施教活动的单一偶性,不表示并不存在的附存于教师主体的受教活动的另一偶性,而且,教育表示的施教活动的偶性只是附存于教师主体。另外,在日常语境中,学生常常在教育中在场。但是,教育并不谓述学生主体(学生不能被用作教育的主语,也不能被作为教育的主体),也不谓述附存于学生主体的归属于"施为(活动)"范畴的学习活动(教育不等于学习),而仅仅谓述相对于教师主体及其施教活动而言的附存于学生主体的归属于"遭受(受动)"范畴的"受教"活动。就此而言,表1-1-1 中定义 11 所说职业教育,在归属于一个主体的单个属性时,指该主体既为"授",又为"受",不能成立。显然,该定义并不准确。

教育在亚里士多德三分的人类活动方式中归属于制作。亚里士多德将人类活动方式三分为沉思、实践和制作。实践与制作的共同要素包括主体、主体的行动以及行动目的、行动结果,两者的区分根据在于行动目的(结果)所在的处所不同。实践的目的在于具有政治意义或者伦理意义的行动自身,制作的目的在于行动之外的产品。就自身而言,教育的行动目的在于成就教育行动者之外的他人,不在于教育行动自身,如孔子《论语》所谓"子曰:古之学者为己,今之学者为人"。就此而论,与王卫华(2007:21-22)、李长伟(2012:4)两位研究者的认识不同,本书认为,就形而上学属性而言,教育是具有制作意义的行动,就目的而言,教育方可归入具有政治意义或者伦理意义的实践(行动)。

教育之于人类灵魂,作为制作行动的一种,逻辑犹如医疗之于人类身体。健康作为医生灵魂中思考的人类身体的形式或者本质,在以选择为内容的在先的构思阶段里从对象(健康状态的身体)向手段运行,在接下来的制作阶段里先前构思得到的思虑结果反向从各个环节的手段到达最后的目的。如此,健康被医生赋予个别病人的身体(质料),疾病状态(缺失作为形式的健康)的身体经过医疗的处理生成健康状态的身体。

尽管同样都是制作行动,与医疗不同的是,教师灵魂中存在的智慧是教育的形式或者本质。智慧作为教育的形式或者本质,是教育(制作)行动中的具有主导性地位和作用的内在地附存于教师的动力因,学生是在教师与其建立的相对关系中具有被动性地位和作用的外在于教师智慧的目的因。智慧在教育中的运思机制是,在教师灵魂中经过构思阶段的信息加工被编制形成行动意向,在施动阶段经由身体内部路线调谐各部位通达目标位置。

2. 职业教育本质的分析方法

在亚里士多德本质学说体系内开展探求职业教育本质的工作,存在着两个思考方向,一是定义法,二是"四因说"。

(1) 定义法

运用定义法寻找职业教育本质,即采用"属 + 种差"的办法,筛选确定合适的词组,用以陈述作为"属"下之"种"的职业教育的抽象本质,从而完成对职业教育的定义。其中的"属"须覆盖职业教育的本质属性,"种差"是在这一个"属"的内部唯一地从属于"职业教育"而又使之与其他的种相区分的形式,其他的种都是"非"职业教育。按照这一思路,对职业教育应归入的"属"和"种差"进行逐层缩小,直至得到离职业教育最近的"属"和最后的"种差"。假定中文短语"职业教育"就是用来"揭示事物本质"的合格的定义,针对"职业教育"采用还原论的方法进行逐步回溯,应能得到职业教育的本原和原因,从而建立对职业教育本质的理解。但是,鉴于"属 + 种差"定义法并不完善和绝对,它在当代遭到质疑,已经走向衰落。

如果改换为语言哲学的思路,我们得到意义观念论的职业教育、意义指称论的职业教育。对于使用语言符号指向思维世界、刻画物理对象机械作用关系的技术原理为内容的教育,我们称为意义观念论下的职业教育。对于使用语言符号指向现实世界、描摹社会行动人际分工关系的职业原理为内容的教育,我们称为意义指称论下的职业教育。进一步,将认知指向客观外在的职业世界的概念一端视为职业教育概念的外延,将认知指向主观内在的技术世界的概念一端视为职业教育概念的内涵,再将认知指向的物与人、主与客两端结合起来,就得到意义发生学上的概念统一体"职业教育"。

(2)"四因说"

亚里士多德"四因说"认为,任何事物都是由质料因、形式因、动力因和目的因四种根据构成的。就制作行动而言,质料因是指在外部的技艺(技术)作用下人工制品得以从潜在状态生成现实状态的基础材料,形式因是指制作行动对质料赋名、塑形、辨识的决定性作用的结构或者形状的思想观念,动力因是指制作者及其以构思的技艺(技术)制品形式对质料施与的加工行动,目的因是指引导制作者将形式加于质料形成的人工制品及其功能。

在表 1-1-1 中,内容定义 1～4 是将职业教育的内容界定为职业教育本质,内容定义 5～7 是将职业教育的功能界定为职业教育本质。但是,按照前述亚里士多德学说,只有形式才是职业教育本质,质料性内容、功能都不是职业教育本质。内容定义 8～10 是将职业教育的本质属性归属于职业教育本质,但按照亚里士多德思想,本质属性不是本质,所以,此路仍然不通。只有内容定义 11 接近亚里士多德意义,但又与亚里士多德本义上"教育"只有施动范畴的单一偶性,不具有受动范畴的偶性的规定相悖,所以,此说也不够真切。

3. 职业教育本质

从亚里士多德"四因说"出发定义职业教育,职业教育本质可作如下分解。

质料因被考虑为"学徒(学生)"方面。学徒(学生)的身体和灵魂处在受动者的地位,模仿师傅(教师)将技艺(技术)归于自身,从原初缺失技艺(技术)的潜在状态变化为身心具备技艺(技术)的现实状态,通过完成外在形式与自身质料的结合过程,生成为外在于师傅(教师)技艺(技术)的"人工制品"。

形式因被考虑为"技艺(技术)"方面。师傅(教师)在灵魂中对作为形式的技艺(技术)予以构思,制定和执行技艺(技术)规范,并加于学徒(学生),考核学徒(学生)习得的技艺(技术)操作能力等级。"技艺(技术)"是职业教育与其他教育相区分的最后"种差"形式。

动力因被考虑为"师傅（教师）"方面。师傅（教师）处在推动者地位，师傅（教师）灵魂中的技艺（技术）及其构思与身体部位及其机能共同结合，向学徒（学生）借助于物理条件进行技艺（技术）操作示范，主动指导学徒（学生）模仿操作满足技艺（技术）规范。

目的因被考虑为"职业"方面。按照"职业"目的的规定，技艺（技术）作为形式因被内在地归入不同的劳动分工过程（产业）和社会分层主体（行业），师傅（教师）、学徒（学生）因天赋秉性或者社会联系而拥有或者模仿的技艺（技术）从而固定地和稳定地被归入不同的职业（相应的产业或者行业）。"职业"目的在"四因"中处在范导地位。

二、高等职业教育概念和属性

（一）高等职业教育概念

在《教育大辞典》中，高等职业教育的定义是"高等职业教育属于第三级教育层次的职业教育和技术教育。包括就业前的职业技术教育和从业后的有关继续教育"（顾明远，1990：134）。联合国教科文组织1976年版《国际教育标准分类》对第5级高等教育第一阶段的描述是"对所学学科中的理论性、一般性和科学性原理不太侧重，花时不多，而侧重它们在个别职业中的实际应用。故所列课程计划与相应大学学位教育相比，修业期限要短一些，一般少于4年"。1997年修订版将高等教育第5级区分为5A和5B，其中5B的课程计划是"实际的、技术的、具体职业的特殊专业课程""主要设计成获得某一特定职业或职业群所需的实际技术和专门技能——对学习完全合格者通常授予进入劳动力市场的有关资格证书"，它"更加定向于实际工作，并更加体现职业特殊性，不直接通向高等研究课程"。1976年版《国际教育标准分类》第5级高等教育第一阶段，1997年修订版高等教育第5级的5B，这两个界定相当于我国大学专科阶段的高等职业教育。2011年版《国际教育标准分类》将高等教育阶段分为短期高等教育、学士或同等学位、硕士或同等学位、博士或同等学位，从5级到8级一共四个级别（杨仲山，郑彦，2012：27-28）。职业教育课程覆盖四个级别，其中处在5级的短期高等教育与我国专科层次高等职业教育相当（赖晓琴，2012：20）。

综上所述，在本书中，高等职业教育是指以应用型职业人才为培养目标，以技术技能为教学和研究的主要内容，以专科为主要层次，以学校为本位的高等教育类型。

（二）高等职业教育属性

既有的高等职业教育属性研究沿着职业性和高教性两个方向展开。

1. 高等职业教育本质属性——职业性

高等职业教育的第一个属性是其归属于职业教育所具有的类型属性——职业性，以此与普通高等教育相区别。学者们从职业教育的本质属性出发，提出"职业性说""技术技能导向性说"和"应用性说"等关于高等职业教育属性的观点。

有学者在谈到职业大学时指出，高等职业教育的基本特点是职业性，"职业"即个人作为主要生活来源所从事的行业工作（孟广平，2006：57）。"职业性说"认为，职业教育不仅为用人单位培养合格劳动者，也为个人立业服务，职业教育应突出职业性以适应职业的特点和要求（俞启定，1997：40-41）。德国职业教育主要由企业实施，教育教学内容方面执行与工作技术操作规程相关但又独立于工作过程的职业标准，学校处于职业教育设计与过程的辅助地位。就此，德国这种职业导向方式的职业教育被赋予"职业性"的本质特征（陈莹，2015：23，50）。

"技术技能导向性说"认为，职业是个人通过技术技能获取生活来源的工作类别，人只有具有从事职业必需的技术技能才能维持职业活动，所以技术技能导向性是职业教育的本质属性（王娟，2005：29）。

"应用性说"从高等职业教育专科向本科以上层次高移的趋势出发，主张培养目标或人才类型体现教育类型的本质属性，将各层次高等职业教育的本质属性概括为应用性，应用理论、技术是对高等职业教育培养的应用型人才的要求，其中高技能性是专科层次高等职业教育的本质属性，技术性或者高等专业技术性属于本科以上高等职业教育的本质属性；而发展理论、技术是对普通高等教育培养的学术型人才的要求（袁广林，2010：5-10）。有学者认为，高等职业教育的培养目标是职业岗位上的技术型人才，相当于西方国家培养技术员、工程师层次职业人才的"高等专业技术教育"，而为"学科发展"培养的专门人才是普通高等教育的培养目标（裴云，2003：17-20）。有学者将这两种人才概括为对接职业或工作岗位需求的"专才"和具有广博深厚学识与创造性才能的"通才"（王浒，1995：9-14）。

以上三种观点着眼于高等职业教育的目的，较为接近高等职业教育的本质属性。前面两种观点以职业作为定义职业教育的开端，触及高等职业教育的原初目的，更为接近高等职业教育的本质属性。后面一种观点从功能论的意义上立论,主张高等职业教育符合应用性逻辑,通过满足职业需求实现人与职业的结合,而普通高等教育遵循学术性逻辑,通过实现知识的增长达到人与知识的结合。这种论证揭示高等职业教育与普通高等教育区别而言的"种差",却未能呈现高等职业教育自身的"所是"。总之,高等职业教育的第一属性是"职业性",我们称高等职业教育姓"职"。

2. 高等职业教育层次属性——高等性

高等职业教育的第二个属性是将其归属于高等教育从而具有的层次属性——高等性,即高等职业教育姓"高"。学者们从人才分类出发对高等职业教育人才培养目标进行研究,揭示高等职业教育所处教育层次的高等性并与中等职业教育相区别。

有学者认为,职业教育的功能层次与劳动分工层次天然相连,工作复杂程度高低上的差异性要求不同职业岗位人员的工作能力具有层次性差异,这种劳动分工对工作能力要求的层次性差别,要求高等职业教育与中等职业教育在职业岗位人员培养的功能层次方面进行区分(姜大源,2008:5-8,11)。这一研究表明,高等职业教育和中等职业教育各自的培养目标处在社会生产链条的不同环节,高等职业教育培养目标定位在社会生产链条的高端环节,中等职业教育培养目标定位在高等职业教育培养目标之前的低端环节;高等职业教育和中等职业教育各自的培养目标要求两者的教育层次和功能对应不同的教育程度等级和课程体系等级,高等职业教育覆盖2011年版《国际教育标准分类》所划分5级到8级的整个高等教育阶段,中等职业教育处在其中2级到4级的整个中等教育阶段(赖晓琴,2012:20)。通过以上两方面,高等职业教育与中等职业教育根本区分开来。

有学者认为,培养目标和培养模式体现职业教育的本质特征(王明达,2006:40)。另有学者认为,人才类型与教育类型存在对应关系,在学术型、工程型、技术型和技能型(后三者合称应用型)四类人才中,高等职业教育的培养目标主要是技术型人才(杨金土,等,1995:8,11)。换言之,高等职业教育的培养目标反映高等职业教育的本质属性。高等职业教育的培养目标是为职业岗位培养技术型人才,相当于西方国家培养技术员、工程师层次职业人才的教育,即"高等专业技术教育";普通高等教育和高等职业教育两种培养目标的差异性是两者区别的根本所在,为"学科发展"培养专门人才是普通高等教育的基本职能(裴云,2003:17-20)。

总之,高等职业教育遵循理性逻辑,追求人与职业的结合,满足地方性、行业性社会用人需求,而普通高等教育遵循自然逻辑,追求人与知识的结合,引导人类探索无尽的未知世界。高等职业教育的高等性是区分于同属职业教育的中等职业教育的中等性而言的,表明高等职业教育所附存于自身的偶然属性,因此,高等性处在第一位的本质属性"职业性"之后的第二位的位置。

三、高等职业院校和公办高等职业院校

(一)高等职业院校

我国高等职业教育的实施机构包括独立设置的高等职业学校(名称被政府限定为"职业技术学院"或者"职业学院"),职业大学,高等专科学校,成人高等学校,附设在大学、专门学院内的专修科(专科班)、职业技术学院等五类。

高等职业学校、高等专科学校合称高职高专院校、高等职业院校或者专科高等职业院校,简称高等职业院校。鉴于当前高等专科学校的数量已经较少,地方短期职业大学的属性尚有争议,故而本书所说的高等职业院校主要指独立设置的高等职业院校,即职业技术学院或职业学院。下文所说的高等职业院校如果没有特指,均不包括高等专科学校、地方短期职业大学。

(二)公办高等职业院校

国家统计局于 1998 年 9 月 2 日印发《关于统计上划分经济成分的规定》,规定我国经济成分为公有经济和非公有经济两个层次,公有经济包括国有经济和集体经济两类,国有经济的资产归国家所有,集体经济的资产归公民集体所有。判断事业单位的经济成分是"国有"经济还是"集体"经济,具体的标准是该文件的附件三《关于对统计上划分经济成分规定的修订说明》第四条第 2 项:"由国家财政预算拨款或列入财政预算外资金管理以及经费主要来源于国有主管部门或国有上级单位的事业单位,列为'国有'。经费主要来源于集体单位的事业单位,列为'集体'。"

根据上述文件规定的标准,按照经费来源与管理方式的实际情况,如果高等职业院校办学经费主要来源于国家财政预算拨款或列入财政预算外资金管理,或主要来源于政府主管部门或国有上级单位,那么其经济成分应认定为国有经济,办学活动性质属于公办性质,相应地,高等职业院校的全部资产归国家所有。总之,公办高等职业院校是指由国家机关或其他组织利用国有资产举办的高等职业院校。

四、行政隶属关系

行政隶属关系是指在行政管理过程中,上级机构(在行政领域通常被理解为政府)与下设机构之间存在的行政从属关系。在法律意义上,行政隶属关系即在行政法上,基于行政组织法和国家公务员法而形成的行政主体之间的行政管理关系,以及行政权力主体与处在行政系统外的行政相对主体之间的行政法律关系,而非民商法框架内的平等主体之间的民商事法律关系。行政隶属关系按行政关系相对主体之间关系的密度分为行政领导关系、行政指导关系两种基本类型。

高等职业院校行政隶属关系是指高等职业院校的上级行政主管部门与高等职业院校之间建立的纵向的上下级领导管理关系,行政主管部门对所属的高等职业院校具有机构设置、干部任免、人员调配、经费拨付等行政领导和监督检查权力,两者之间的关系以行政权力为基础,以命令与服从为实质。当前公办高等职业院校的行政主管部门主要是出资设立和主管(主办、举办)高等职业院校的各级政府(或者政府部门)、大型国有企业。行政主管部门为政府非教育部门时,高等职业院校既受行政主管部门的行政领导,又受教育部门的业务指导,属于"双重领导制"或"双重负责制"。

在行政主导的高等职业教育公共管理体系中,行政隶属关系是主体之间其他各种关系的基础和根本,管理关系、投资关系等都是在行政隶属关系确定之后,再根据行政隶属关系确定各自的主体乃至于内容和形式。所以,行政隶属关系是主体之间各种关系的主干和核心,反映举办体制的本质关系。研究行政隶属关系,就能够从本质上把握举办体制。

五、管理体制、举办体制和办学体制

(一)管理体制

管理体制是指在高等职业教育系统中,作为管理主体的高等职业教育管理部门上下级相互之间及其与具有行政管理关系的管理对象高等职业院校之间的组织机构、管理关系和权力划分,涉及中央、省、地级市三级政府。作为政府组成部门的教育部门和非教育的行业主管部门(单位)与高等职业院校,关系宏观的高等职业教育结构布局、资源配置,影响微观的高等职业院校办学定位、干部人事管理、财政经费来源管理、教育教学业务管理等。高等职业教育综合管理部门、行政主管部门与其所隶属的高等职业院校构成高等职业教育行政管理体制,也叫高等职业教育宏观管理体制(包括我国独有的上级党务部门对高等职业院校党务进行管理的政党领导体制，在本书中不作为研究主题）。高等职业院校内部管理体制是指高等职业院校内部的组织机构设置及其相互关系，也叫高等职业教育微观管理体制。在本书中，高等职业教育管理体制主要指高等职业教育行政管理体制、高等职业教育宏观管理体制，一般不涉及高等职业院校内部管理体制。

（二）举办体制

举办体制是指国家机关、企业事业单位在高等职业院校创设阶段、办学运行阶段的机构设置和为保证高等职业院校的设置、运行而发生在相关机构之间的关系的总称，包括机构设置、行政隶属关系和权限划分三个组成部分，其中行政隶属关系是机构关系的主干依据。

高等职业院校举办体制的内容是，按照教育法律、行政法规的基本原则，对高等职业院校举办主体的资格条件及其权利、义务做出基本规定，关涉由谁出资兴办学校、应该享有的权利和必须履行的义务、举办主体在举办活动中所应遵循的制度和程序等。

（三）办学体制

办学体制是在我国学术研究、教育政策文本与语言表达中经常出现的一个概念。有人研究认为，办学体制主要是指各级各类学校与举办者之间的关系，核心问题是学校的举办权掌握在谁的手里。办学体制的含义被具体分为两个层面：一是由谁举办，即办学主体是谁；二是怎么办学（刘铁，2003：4-5）。在第一个层面，办学主体是指高等学校的举办者（所有者），对高等学校享有举办权（所有权）；在第二个层面，办学主体是指高等学校的办学者（经营者），即高等学校校长及高等学校自身，对高等学校享有办学权（经营管理权）。这一定义指称的办学主体包含举办者和办学者，因而造成该定义内涵的不确定性，容易使人将所指称的两个办学主体混为一谈。

蔡克勇（1997：9）曾经指出国人经常混淆使用"举办"与"办学"两个概念，认为"举办"是投资兴办学校，"办学"则是开展教学科研活动，办好学校，培养人才。周远清（2001：1-8）也说过，办学体制实际上就是"举办体制"。因此本书弃用"办学体制"这个语义含混的概念，而使用"举办体制"作为标准的表述[②]。

第二节　理论基础

本书的理论基础包括,第一,组织生态学理论,作为理论背景,用以透视研究对象——高等职业院校及其所处的社会环境系统;第二,分析高等职业院校体制结构与办学功能之间关系的结构功能理论;第三,对办学投入在高等职业院校组织个体之间进行配置的教育公平考量与对办学投入所占办学产出比例在高等职业院校组织个体之间进行评估比较的教育效率考量两种价值之间的关系理论,以及分析高等职业院校组织个体的内部组织要素理论。

一、组织生态学理论

英国学者埃里克·阿什比(1983:138)认为"高等教育体系和生物体系有类似之处,是遗传与环境的结果,是自然和培养的产物"。高等职业院校作为具有目标和欲望的社会组织必然受到环境的影响。在本书中,以高等职业院校个体为基本单位,在行政隶属关系分类视角下,每一类行政隶属关系中高等职业院校个体自身既与同一类属的其他高等职业院校个体、所在类属高等职业院校集合体产生联系,也与其他类属的高等职业院校个体、其他类属高等职业院校集合体产生联系,还与所有类属高等职业院校集合整体产生联系,从而形成以高等职业院校个体为核心层、以类属高等职业院校集合体为中间层、以全部类属高等职业院校集合整体为最高层的三个组织圈层构成的个体与集合体同构,存在着外部范围边界差异错落、内部层级高低不等的省域高等职业院校组织结构性总体环境系统。

组织生态学理论对上述总体结构具有解释力。组织生态学理论是参照自然生态学理论建构的、对社会组织个体及其生态环境所做的理论演绎。自然生态学理论立足于自然中心论立场探索自然生态逻辑,主张自然事物与自然环境恪守个体主义的共生或者竞争、整体主义的演化或者进化的伦理,并以此伦理为准则理解和处理自然事物的存在和运动,以及自然事物相互之间和自然事物与其所处自然环境之间的关系。组织生态学理论从自然生态学演绎而来,承袭自然生态学伦理,着眼于人类中心论立场处理社会组织关系。

根据组织生态学理论(Michael T. Hannan, John Freeman, 2014:1),省域高等职业院校可纳入组织个体、组织种群、组织群落等以组织生态学概念命名的组织生态层级结构之中。由归于同一行政隶属关系类型的高等职业院校个体构成的单一行政隶属关系类别的高等职业院校集合体称为组织种群;各组织种群的高等职业院校集合体组成的省域高等职业院校总体称为组织群落。

在行政隶属关系类型视角下,同一组织种群呈现高等职业院校个体数量的多样性和高等职业院校个体资源供给与个体运营的组织种群专属性两个方面的共同特点。在组织生态学理论背景下,省域高等职业教育组织群落内部划分出省级教育厅局主管高等职业院校、省级行业厅局主管高等职业院校、地级市政府举办高等职业院校和国有企业举办高等职业院校四个组织种群。在组织生态学理论视野中,本书研究对象的基本单位是受行政隶属关系类型影响的高等职业院校个体,以及四种不同类属的高等职业院校组织种群,这两者区分为两个组织层级,共构整体意义的省域高等职业院校组织群落。

在组织生态化过程中,组织个体的设立、成长乃至衰亡受到组织种群、组织群落内的组织密度即组织个体的数量及由其产生的组织生态位、组织间地理位置等种内生态化因素的影响。在组织环境承载力总量限定的情形下,一个组织个体或者组织种群要维系生存所必需的体积适宜、营养足量的基础生态位,以及生长所需的能量持续供给和边界稳定无扰的现实生态位,必然扰动受特定地理空间组织密度影响下与之相邻的组织个体或者组织种群的基础生态位和现实生态位的宽度,导致两种组织生态位之间的间距被缩小乃至重叠,出现为争夺生态资源而在组织个体之间的或者在组织种群之间的"竞争排斥"现象和生态位分离现象,以至于将影响组织个体或者组织种群的设立、成长甚至衰败等生命周期活动。

在组织制度化过程中,组织个体的设立、成长乃至衰亡受到组织种群、组织群落内的关系密度以及组织个体自身的年龄、规模、资源、组织变革等制度化因素的影响。关系密度是指组织种群内部组织个体成员之间正式关系的数量和关键制度的数量。关系密度的高低影响组织种群内部组织个体对有限资源争夺的激烈程度。正式关系是指组织种群内部环境下政府代理者与其被代理者之间一一对应共组而成的社会网络关系。关键制度是指政府代理者,在本书中是指高等职业教育举办体制中的办学者与被代理者政府部门之间构成的社会网络关系。组织种群内部的组织个体之间通过学习模仿形成在环境资源和战略结构方面具有相似性的制度性同形关系,即所谓合法性关系。组织个体彼此之间因合法性关系产生平等竞争效应或者互利合作效应。在行政隶属关系类型视角下,高等职业院校个体生存因受类型行政隶属关系的影响而在办学条件和办学状态方面体现出共性的对组织环境的全面化反应。

二、结构功能理论

结构功能理论在本书中用以分析高等职业院校举办体制的结构成分与办学功能两者之间的关系。

结构是事物在时间、空间存在的一种方式。对事物的结构的认识是形而上学意义上的对事物的认识，是本质主义的对事物的认识。通过认识事物的结构来建立对事物的认识的方法，我们称为结构方法。任何科学研究都需要采用结构方法。运用结构方法，就是要深入事物内部，探察事物由以组成的内部要素及其次序、相互之间作用的方式体系，从而达到对事物的整体的认识。组成事物整体的内部要素可称为"关系项"，就是构成事物整体的部分，这些"关系项"之间的关系的统称就是结构。或者说，结构可以被定义为事物内部的成分之间或成分相互作用的过程之间的关系网。事物结构中，整体和部分两者之间的关系是，整体决定部分，部分必须服从于和依附于整体，部分也影响和能动地作用于事物整体。结构方法的萌芽来自自然科学哲学，作为用来指导科学研究的方法理论，被称为结构主义，是作为方法理论的还原主义的对称。结构主义的核心概念是结构，强调结构自身所具有的流动性。结构主义是 20 世纪 20 年代从语言学研究中首先发端的，在接下来的 50、60 年代被扩展应用到其他人文社会科学领域（邓遇芳，1985：13）。

根据"关系项"之间的关系的空间组合形式，事物结构被分为并列结构、等级结构和等级并列结构三种类型。并列结构是指事物内部的"关系项"在横向上彼此平行、相互联系和相互作用。等级结构是指事物内部的"关系项"在纵向上形成若干个高低不同层次的等级，高低等级之间以特定的层次关系构成事物整体，相互联系和相互作用。复杂的事物内部既有横向的部分并列结构，又有纵向的层次等级结构，既有不同并列部分之间互相联系、互相作用的运动，又有不同等级层次之间互相联系、互相作用的运动，还有不同并列部分与不同等级层次之间的互相联系、互相作用的运动。

根据"关系项"之间的关系的时间组合形式，事物结构被分为量的积累时期的稳态结构、质的突变时期的失衡结构及其以后的新的量的积累时期的新型稳态结构。事物从低级到高级、从简单到复杂的演进过程是在时间维度上呈现的。事物的高级形态超越低级形态不是做出简单的否定，而是否定的否定，将事物的低级形态纳入自身结构之中，从而使事物在高级形态获得强大的生命力。

事物整体不仅由静止状态的事物部分之间的物理空间的简单叠加而成，而且事物部分与部分之间同时还进行着运动状态的物质、信息和能量等的交换关系与反馈作用。因而，事物整体与部分之间的关系，在结构力的综合作用下可能会出现两种结果，一种结果是事物部分之和大于事物整体，这样事物原有结构全部或者局部将在发展中走向进化进步状态，另一种结果是事物部分之和小于事物整体，如此事物原有结构全部或者局部将在演进中陷入收缩退化状态。

相对于功能，我们熟悉来自亚里士多德《形而上学》的潜能现实学说中的潜能概念。潜能是内在于事物之中，事物没有到达现实存在状态之前的那种潜在存在状态。潜能是事物自身内存的事物运动变化的起点和原因，潜能运动到达的终点是现实。潜能持存自身意味着事物"不动作"，潜能运动到达现实即事物"动作"而至于实现自身。所以，潜能对事物而言意味着运动变化的可能。在陈康先生对亚里士多德的理解中，潜能这一个概念来自处在它上位的"能力"概念（陈康，2017：129）。

功能概念在亚里士多德《优台莫伦理学》中与德行、灵魂一起得到论证和澄清。亚里士多德在《优台莫伦理学》中说，功能有两个意思，一个意思是功能就是从外部探知的活动本身（如视觉的功能是看），一个意思是功能在活动之外，比如建筑术的功能在于房子而非建筑行为、建筑过程，医术的功能在于健康而非治疗行为、治疗过程。一个事物的功能就是它的目的，目的指的是事物的一般运动变化系列的终点，包括与自然物功能相应的内在目的和与人造物功能相应的外在目的。例如，鞋匠的技艺或者制鞋术的功能是鞋，这里鞋匠的技艺或者制鞋术的"能力"是潜在存在形态的，而鞋作为现实存在形态的目的是就"功能就是目的"而言的，并不指涉鞋的好，即并不指涉功能的德行（品质）的好。只有当讨论事物的功能发挥得好的时候，亚里士多德才考虑鞋（品质）的好。

功能是事物结构蕴涵的主观性方面，功能与结构两者具有密不可分的关系。亚里士多德谈论的目的分为人事目的、自然目的和理性目的（金建伟，2006：12-13）。前面讨论的目的仅涉及人事目的，其实结构所蕴含的自然目的也受规则拘束。相对于结构刻画事物内部整体而言，功能着眼于事物整体与外部环境的相互作用，事物内部结构与外部功能的统一共同组成事物完整的规定性。结构是功能的基础，事物内部结构决定事物外部功能，有什么样的结构才有什么样的功能，结构的改变必然引起功能的变化。功能具有相对于结构的独立性,事物外部功能设定表现和反制事物内部结构设计。在特定情况下,功能会引起结构发生改变以与外部环境相互适应,或使结构进化完善和发达,或使结构退化停滞与减退。在结构与功能的对应关系方面,两者并不总是一一对应的,一种结构可能表现出多种功能,一种功能也可以映射多种结构。事物的结构与功能同时受到整体稳定性和局部变异性两种属性的共同作用,居于主导地位的属性在两者相互作用中使事物状态处在稳态——失稳态——新稳态的规律性转换之中。结构方法与功能主义在社会学领域的一体化应用被称为结构功能主义,发展为有影响的方法论(王翔林,1993:37-42),在教育研究中也得到广泛的应用(李昀,2015:62-67)。

结构可以被探知,功能可以被测评。物理学、化学和生物学等自然科学研究揭示物质世界里物质、能量和信息三位一体,物质运动遵守能量守恒和转化定律;人类思维能力(智力和智商)借助于哲学、心理学和教育学等多个学科进行开发和检测;经济学、管理学等社会科学研究提出,与个体能力相对,功能测评是就社会活动而言的经济核算、能效分析(效能分析)、绩效考核。基于功能对结构所具有的能动作用,人们可以通过对事物功能的规划思考对事物结构的要求,根据功能设定对事物结构进行改造,使改变以后的结构适应和满足功能的发挥要求。

三、教育公平与教育效率关系理论

教育公平理论和教育效率理论都是教育组织个体就生存环境而言的价值理论。

(一)教育公平理论

1.公平内涵、类型及其核心理论主张

(1)公平内涵

公平最初是哲学中的伦理学概念,后来扩大应用到政治学、社会学、教育学、经济学等其他社会科学领域。按照伦理学的理解,公平"作为一种道德要求和品质,指按照一定的社会标准(法律、道德、政策等)、正当的秩序合理地待人处事,是制度、系统、重要活动的重要道德性质"(辞海编辑委员会,2002:338)。通俗地理解,公平就是处理事情合情合理,不偏不向任何一方,使各方所得与应得相适应,通常用于对权力和利益的分配。公平是古今中外人类个体和社会组织追求的价值目标,是主体之间权力和利益进行比较的关系范畴,具有历史性和相对性。正义、正当、公正、平等、均衡等与公平一词的内涵接近或者等同,人们对这些词语根据语境、习惯不加区别地或者略有区别地使用。

（2）公平类型

公平的外延丰富,以下两种分类较为常用。

第一,按照作用领域,公平分为社会公平（包括教育公平）、政治公平、经济公平以及其他领域的公平。社会公平是社会的政治、经济和各个领域的权利和利益在社会成员个人之间、群体之间和个人与群体之间均衡而平等的配置以及人们对这种配置的主观价值评判。实现社会公平（包括教育公平）是政府的责任,政府利用"看得见的手"进行调节,通过善治使政府的受众享受公平的制度环境、社会福利。个人和政府之外的其他社会组织追求公平是希望自身分享公平的制度环境、社会福利。政治公平是指社会成员的政治地位和政治关系平等,能够平等地参与政治生活,平等地享有政治权力和履行政治义务。经济公平即经济学意义上的公平,是指地位平等的经济主体在"看不见的手"——市场机制的调节下,享有均等的市场进入机会,公平配置资源,遵循相同的等价交换规则公平竞争,按照贡献率进行收入利益分配,并由市场进行公正评价。经济公平的核心是分配公平。

第二,按照实践活动进展的阶段性特点,公平分为起点公平、过程公平、结果公平。所谓起点公平是指不同的主体处在同一条起跑线上,起始条件相等。起点相同是过程公平、结果公平的基本条件。起点公平可以解释为机会公平（关信平,2009:8）。过程公平（或程序公平）是指不同的主体所享有的条件、路径、规则方面的合理性和平等性。结果公平是指结果平等,强调收入分配公平。在现实生活中,人们往往把结果公平直接等同于社会公平。所以,结果公平是最高的、最终的追求,结果公平需要以起点公平和过程公平作为前提和保证。

（3）关于公平理论的核心主张

公平理论是人们对公平的理性认识。美国学者罗尔斯在所著《正义论》中提出的正义理论在当今世界的影响最为广泛。

罗尔斯（2000:82-84）主张,正义以分配公平为目标,为此罗尔斯提出公平三原则:自由原则,即每个人都有最广泛的、与他人相同的自由;机会平等原则,即待遇、地位、职位、利益等应向所有人开放;差别补偿原则,即对于起始地位不利者的利益加以保证。在三个原则中,第一个原则处在第一级,后两个原则在第二级,第一级原则优先于第二级原则。罗尔斯的正义论蕴含两种性质的公平,一是"均等性"的公平,是一种水平性的、横向的公平,即平等地对待处境相同者;二是"非均等性"的公平,实行有利于处境不利者的不均等分配,即不平等地对待处境不同者。

2. 教育公平内涵、类型、理论和评估

(1)教育公平内涵

在当代世界,政府出于履行社会公共职能、实现社会公平正义的公共性使命,承担面向社会提供公共服务,并对社会资源进行合理配置的责任,是社会公平事实存在的组织实施者。教育具有公共性,作为现代社会的基本人权应由政府提供。教育公平是社会公平在教育领域的实现,处于一国之内的公民个人,不分民族、种族、性别、智力等天然禀赋,不分家庭出身、财产状况、宗教信仰、职业、地区环境等社会条件,都平等地享有受教育权和入学机会,合理地分享教育资源,获得同等水平的教育。教育公平的主体为政府(学校)和公民,客体为教育权利、教育机会、教育资源、学业成就。

(2)教育公平类型

教育公平按照教育活动所处的发展阶段分为教育起点公平、教育过程公平、教育结果公平。教育公平的最初含义主要指教育起点公平,通俗的说法是"能上学",即受教育者的教育权利平等、享有同等的受教育机会。教育过程公平,通俗的说法是"有学上",即教育均衡,是指不同地区、不同学校在空间上都能获得均等的教育投入实现均衡发展,保证受教育者在教育活动中享受同等的教育资源和教育条件,实现教育成本平等和教育质量平等。教育结果公平,通俗的说法是"能学好",人们追求教育产出公平,实现人人学业成就均等。在本书中,教育公平用来分析省域高等职业院校个体之间的均衡发展和优质发展问题,所以主要是指教育过程公平。

(3)教育公平理论

当代的美国学者詹姆斯·科尔曼、瑞典学者托尔斯顿·胡森都通过分析教育机会均等论证教育公平。美国学者马丁·特罗做过高等教育大众化阶段的教育机会平等研究。

詹姆斯·科尔曼(2009:149-155)提出,美国教育机会均等观念包括进入教育系统的入学机会均等、参与教育过程的机会均等、教育结果均等和教育对生活前景机会影响均等四条标准。学校之间存在生均经费、校舍配备、图书馆、教师素质等资源投入差异,也存在学生种族来源结构、师德师风、教师要求与期望、学生学习风气等无形特点差异。在学生教育背景、教师素质、校舍设备条件和课程差异四个影响学生学业成就的因素中,尽管学校资源投入因素确实重要,但是学生教育背景的作用更加关键。要解决美国学校的教育公平问题(Coleman Jammes S.,1988:95-120),应从关注学校教育资源投入均等(学校之间的平等)转向追求学生学业成就均等(学生之间的平等)。

托尔斯顿·胡森(2009:160-163)建立了包括教育起点平等、教育过程平等和教育结果平等三个方面内容的理论体系。他将影响学生学业成就的教育机会大致分作五类,一是学校外部物质因素,即学生家庭经济状况、学校地理位置、上学交通工具、学习支出总额;二是学校建筑物整体质量、实验室、图书馆等学校内部物质因素;三是课程设置门数和课程计划时数、教师教学时数、课外作业数量等教学条件因素;四是校风、教风、学风等学校背景心理因素;五是家长期望、家庭态度、孩子的独立性等学生家庭背景心理因素,表明教育环境受到社会、学校和家庭的物质条件与心理状况的综合影响。他主张,应建立统一的公立学校教育系统,消除区域或贫困对处境不利学生的影响,向学生提供均等的学业成就机会,追求教育结果公平。

马丁·特罗(Martin Trow,1973:82-83)将高等教育发展历程总结为精英、大众、普及三个发展阶段,认为高等教育入学率占总人口的百分比以及大学入学选拔方式主导着各个阶段的教育公平观。在高等教育大众化阶段,多样性的高等教育机构之间地位平等,面对不同的任务,秉承互通的多样化学术标准、不等额的教育经费,使不同的学生入学各个层次的高等教育机构,实现教育机会平等。

三位学者对本国教育公平状况的研究揭示,人类在追求教育公平的道路上,按照教育起点公平、教育过程公平和教育结果公平的先后顺序,第一步是给受教育者提供均等的受教育机会,第二步是均等地配置学校教育资源,最后是通过实行差别补偿机制,接近或者实现所有受教育者的学业成就均等的人类理想目标。我国与上述国家的教育公平状况不完全同步。中华人民共和国成立以后到目前已经解决了人人"能上学"的问题,人们的受教育权即入学机会均等问题已经建立法律和政策的保障体系,教育起点公平问题得到了妥善解决。当下中国正在步入教育过程公平阶段,省之间要缩小教育差距,省域之内的高等职业教育等各级各类教育之间也都要缩小地区差距和校际差距,达到地区均衡和校际均衡,实现人人"有学上"的目标,最终达到人人"能学好"的目标。

（4）教育公平评估

当前我国省域高等职业教育发展中地区差距、校际差距突出，亟须构建教育公平维度的指标体系，对省域的高等职业教育公平状况进行评估比较，为未来的合理调整提供理论依据。在当下，学生通过参加普通高校招生考试、对口高校招生考试、高等职业院校单独招生考试和五年一贯制高等职业教育中"3+2"分段选拔考试等多种途径，进入公办高等职业院校接受正规高等职业教育，高等职业教育的起点公平问题已经基本得到解决，已然不是当前的主要问题。当前高等职业教育公平问题主要集中在"教育过程公平"上，即学生在接受高等职业教育的过程中，进入不同高等职业院校后，得不到同等的受教育条件，不能获得同等的教育资源对待，教育过程中的教育机会均等问题逐渐凸显。在当下，姑且不论高等职业教育存在显著的省际差异，即使以省域之内而论，高等职业教育的地区差异、校际差异已经凸显。所以，在一个较长的历史时期，政府应通过制定政策和采取措施，在省域内有效地缩小高等职业教育发展的地区差异、校际差异，作为改善中国高等职业教育的教育公平状况的工作重点。省域不同行政隶属关系类型的高等职业院校之间的校际公平状况取决于政府对高等职业教育资源配置的公平状况，称为教育决策者的主观方面因素（钱志亮，2001：105），或者称为教育内部决策因素（朱永东，叶玉嘉，2007：18），而非取决于政府之外的社会或者其他方面。

目前在各级政府进行的教育统计中，教育公平没有被独立地作为统计维度处理，无法专门呈现我国的教育公平状况。目前全国性教育统计主要有教育部和各省教育部门每年编辑出版的《中国教育统计年鉴》（教育部发展规划司组编）、《中国教育经费统计年鉴》（教育部财务司组编）等，内容主要局限在采集反映教育系统制度性的输入、过程两个方面的有形物质条件现状的数据，没有包括输出方面和无形的主观心理方面的信息因素。当前统计和报告中国教育的基本信息，主要包括教育发展水平（各级各类学校数、专业数、学生数、教职工数等）、教育人力资源投入即教师状况（总值和生师比、各级职称数量及其占比、各级学历数量及其占比）、教育财力资源投入（教育经费总值和生均值、财政拨款占比，可视为教育人力资源投入、教育物力资源投入的货币表现）、教育物力资源投入即基本办学条件（校园占地面积、校舍建筑面积、体育运动场所面积、教学仪器设备、图书、计算机、固定资产各项总值和生均值）等对教育发展水平状况、教育资源配置状况进行原始描述的指标。就高等职业教育而言，上述数据中，欠缺体现高等职业教育特殊性质不同于基础教育、普通高等教育的指标，包括教育人力资源投入中的"'双师型'教师占比"、教育物力资源投入中的"实习实训基地面积总值及生均值"等都应列入统计范围。教育资源配置公平状况反映教育公平状况，对教育公平状况的测度多通过对教育资源配置状况的测度实现，所以，对教育资源配置公平的测度即对教育公平状况的测度，需要研究者对以上数据隐含的教育资源配置公平状况乃至教育公平状况进行挖掘并建立理论框架进行剖析而得。当前中国省域高等职业教育发展中地区差距、校际差距问题突出，亟须构建官方的教育公平维度的指标体系，对省域的高等职业教育公平状况进行评估比较，为未来的合理调整提供理论依据。

教育发达国家根据对教育公平状况的评估制定教育政策的做法可资借鉴。美国和欧洲的政府机构与专家关于教育资源配置公平测度内容、原则与指标体系的理论研究和实际应用成果丰富翔实，政府据以出台相关法案，法院司法也予以采信（沈有禄，2008：885-895）。国内有学者认为"总量—人均"教育公平评价模式不够理想，主张建立具有操作性的专门指标持续测量教育公平（杨东平，周金燕，2003：31）。有学者提出教育基尼系数的概念，主张建立教育基尼系数，结合洛伦茨曲线计算教育公平程度（王善迈，2008：96），甚至已有学者应用基尼系数方法，从不同角度度量职业教育公平（方芳，2008：6-7）或者省际高等职业教育均衡发展状况（戴文静，周金城，2012：22）。

本书将以既有的研究为基础，对省域高等职业教育组织体系中高等职业院校的不同行政隶属关系类型进行横向的比较，评价教育资源在高等职业院校之间配备的公平程度，解释当前省域高等职业教育组织体系的教育公平状况。

（二）教育效率理论

1. 效率内涵、类型及其核心理论主张

（1）效率内涵

效率一词最初来自物理学，后来应用到其他学科。效率是指设备输出物理量与输入物理量的比值，或者人在给定的单位时间内完成的工作量即工作效率。经济学上的效率研究稀缺资源的最优配置，指资源投入与产出之比，使给定的投入获得最大的产出，即经济效率或者生产效率（简称生产率）。效率具有相对性，以有无或者高低进行评价，属于主体意义上的关系范畴；效率能够在不同程度上给人们带来利益，满足需求，属于功能意义上的价值范畴。

（2）效率类型

在社会科学中,效率有多种分类。按照领域分类,效率可分为政治效率、经济效率、文化效率、社会效率。按照层次分类,效率可分为宏观效率、中观效率、微观效率。按照生产要素性质分类,效率可分为劳动效率(劳动生产率)、资源利用效率(资源配置效率)。按照决定手段分类,效率可分为管理效率、技术效率。按照组织要素分类,效率可分为组织效率、制度效率、结构效率。按照组织空间界限分类,效率可分为组织内部效率、组织外部效率。

（3）效率理论的核心主张

效率的哲学基础是功利主义哲学。效率理论通常是指西方经济学上的效率理论,在古典经济学、新古典经济学和现代经济学三个阶段都有所发展。古典经济学着重在生产领域寻找财富增长的源泉,宏观上重视资本积累,微观上重视改善劳动分工,强调增加资本、劳动等单一要素投入,就能提高劳动生产率或资本生产率,实现国民财富增加或利润增长。新古典经济学提出帕累托效率概念,认为在完全竞争市场中,生产要素能在不同部门或行业自由流动(资源使用效率被称为生产效率,是一种组织效率),实现经济资源的最优配置(配置效率被称为经济效率),达到社会福利的最大化。这一阶段还有人提出全要素生产率、动态效率等理论。现代经济学认为经济效率是技术效率和配置效率的总和,其中,技术效率是指经济体在既定的技术环境下特定的要素投入取得的实际产出与可能达到的最大潜在产出之比,用以衡量现有技术水平下经济体的最大产出能力或者最小成本投入能力,反映技术水平的发挥程度;配置效率是指在给定投入价格的情况下,按成本最小化方式进行的投入要素品种结构及数量组合与实际投入之比,以及所能获得的最大产出与实际产出之比。这一阶段还有人提出 X 效率、制度效率等理论。不同阶段不同思路的效率理论,研究的主题都是在资源稀缺的条件下,采用最小的资源投入或者耗费,或者改进管理、升级技术应用能力,提高管理效率、技术生产率或者资源的使用率,取得最大限度的产出。实现效率目标,需要数量、质量、速度、材料消耗有机结合,多元的效率目标需要并用多种效率手段。

2.教育效率内涵、类型、理论和评估

（1）教育效率内涵

教育效率是将经济学的效率概念引入教育学出现的教育经济学范畴,是指教育资源有效利用程度,或者教育投入与教育产出之比。教育效率在教育的投入、过程和产出三个环节分解为教育资源的配置效率和生产效率。在教育过程中,配置效率是生产效率的前提和保障,生产效率决定总体的教育效率。教育效率用于单个学校时,称为办学效率。

（2）教育效率类型

教育效率在本书中进行两种分类。第一种分类是,依据教育资源配置的空间地理范围,教育效率分为宏观教育效率、中观教育效率和微观教育效率三类。宏观教育效率适用于教育资源在全国省际的配置差异比较,中观教育效率适用于教育资源在省内各地区之间、高校校际的配置差异比较,微观教育效率适用于教育资源在一所高校内部的配置差异比较。中观教育效率须从中观层面的省域之内、地区之间、高校校际,微观层面的高校个体内部两个空间维度,结合教育资源的来源渠道（或者中央、省级、地级市财政拨款级次）、对象类别层次（普通高教本科、高等职教专科）进行度量和分析。第二种分类是,基于教育的外部性理论或者教育兼具社会性和经济性的分析框架,教育资源投入教育系统（或者高校）之后得到两种产出,即教育系统（高校）的内部产出和教育系统（高校）之外非教育投资者收益的社会经济领域外部产出,此两种产出与教育资源投入之比分别称为教育内部效率和教育外部效率。教育内部效率是教育外部效率的基础,教育外部效率是教育内部效率的方向。依据第二种分类,在本书中,教育产出可分为高等职业院校内部产出和高等职业院校外部产出。录取招收报到全日制高职新生和全日制高职校生数量与生源结构比例、"双证书"取得率、获得职业技能大赛奖项、利用政府或者社会资助建成优秀教学团队、精品课程、立体化教材以及与企业合作共建校内校外实习实训基地等在高等职业院校内部存在和用以直接回馈人才培养的教研产品为高等职业院校内部产出,毕业生总人数和毕业生就业率、社会培训人次、对口支援职业院校建设成果等对劳动力市场的满足以及对经济增长与社会发展的贡献为高等职业院校外部产出。相应地,教育效率分为高等职业院校内部效率和高等职业院校外部效率。此外,教育效率还存在第三种分类。政府拨付教育经费投入根据有无竞争性分为竞争性教育经费投入和非竞争性教育经费投入,教育效率相应分为竞争性教育投入效率和非竞争性教育投入效率。本书关注主要用于满足公办高等职业院校基本办学条件的非竞争性教育经费投入,故而对此分类不做讨论。

（3）教育效率理论

西方早期的教育效率研究主要是利用经济学原理对教育投资活动及其收益率进行经济学演绎,其中西奥多·W. 舒尔茨创立的人力资本理论最为著名。舒尔茨首次将人力资本从资本中区分出来,分别计算教育的私人收益率和社会收益率,论证教育具有重要的经济价值。国内王善迈、范先佐等学者率先对教育效率进行研究。王善迈(1996:188)认为教育资源投入的数量质量、教育管理体制等影响教育效率,其中教育管理体制包括划分政府与高校管理权限的宏观教育管理体制、教育投资与财政拨款体制、高校举办体制等,教育管理体制从宏观上、制度上影响教育资源利用效率。范先佐(1997:7-8)认为教育体制是解决教育基本问题的方式,因此也是教育资源配置的方式,中国教育体制应兼收计划和市场两种资源配置方式的优点,避免两种方式各自的弊端,根据所处经济发展阶段的要求进行改革,促进教育资源的合理配置。之后李福华(2002:12)、杨秀芹(2009:36)、金芳(2010:9,47)等学者利用实证分析方法和规范分析方法相结合的研究方法,或者从新制度经济学、经济利益等多种理论视角分析教育资源利用效率。概括而言,现有教育效率研究围绕基础教育、高等教育的研究居多,关于高等职业教育和高等职业院校的研究极少,而且既有研究有的由于缺乏理论支撑而使其理论品质有所削弱。

(4)教育效率评估

根据影响教育效率的要素数量,教育效率评估分为单要素生产率评估(单项指标分析法)和全要素生产率评估(投入产出法)。我国教育经济学界一般对生师比、生均经费、校均规模等具有可比性的常用的各种单项投入产出指标进行详细罗列,使用国际上常用的教育效率评价方法——单项指标分析法,即用单要素生产率(某一要素投入与产出的比值)进行评估,优点是操作简便,通过对指标进行逐项比较,分析确定导致教育效率低或者高的具体因素,不足在于不能直接考察教育效率的总体情况。投入产出法主要用于综合测算全要素生产率,优势在于全面反映生产效率、把握整体效率,但困难一是教育产出的范围确定和指标取舍较为复杂,二是教育产出数据因其庞杂模糊而不易获取,不像教育投入指标易于确定、获取和计量。本书主要采用第一种方法。

(三)教育公平与教育效率关系

1. 公平与效率关系

公平与效率原本分属于伦理学、经济学两个不同学科,并非一组对立的概念,但在资源约束的现实条件下密切相关。康德(2002:53)说:"目的王国中的一切,或者有价值,或者有尊严。一个有价值的东西能被其他东西所代替,这是等价;与此相反,超越于一切价值之上,没有等价物可代替,才是尊严。"

公平作为获得和感受尊严的"底线"，是人类实践活动的基本价值准则。效率是为实现公平而衡量活动进展或者资源配置状态的手段性概念，处在公平的下位位次（李小科，2007：47-54，67，95）。在社会经济领域，公平反映社会财富的分配状态，效率反映社会财富的生产状况。

关于公平与效率关系，存在三种主张。一是公平优先论，主张公平具有优先性。但是，单纯强调公平可能会拖累整体效率，降低社会经济发展速度，所以完整的主张是，公平优先，兼顾效率。二是效率优先论，主张效率具有优先性。但是，单纯强调效率可能会阻碍公平，拉大社会贫富差距，所以完整的主张是，效率优先，兼顾公平。潘懋元（2003：17）说："在经济与社会转型时期，对改革与发展问题，一般应采取效率优先兼顾公平的原则。"三是公平与效率统一论，主张公平是效率的保证，效率可推进公平，两者应协调统一。笔者认为，提高效率能够使人类社会跨过低层次的公平，走上高一个层次的公平；但过分强调效率，忽视公平，可能加大社会贫富差距，阻碍基本公平。综合而言，本书主张公平与效率统一论，即公平为基，满足效率。

2. 教育公平与教育效率关系

在公平与效率关系的三种理论主张中，限于教育本身特有的公共性和外部性，虽然教育公平和教育效率指向不同的利益主体，接受不同的价值取向指引，但是教育公平与教育效率两者之中的任何一个都不能偏废，必须依据公平与效率统一论建构关系，使教育公平与教育效率达到协调均衡。教育公平反映教育的政治功能，教育效率反映教育的经济功能，两者关系是各种利益的公平与效率关系在教育领域的呈现。根据省域高等职业教育处在教育过程公平阶段的现阶段实际状况，我们应当确立"公平为基，满足效率，质量第一"的价值体系定位来处理公平与效率的关系。

从本书所针对的中观层次而言，教育公平与教育效率关系的理想目标是，教育资源实行政府行政计划主导与市场自由竞争调控相结合的方式，根据社会经济需求供给充足的高等职业教育资源总量，按照现有管理体制指引的途径，在省域之内不同地区、不同高等职业院校公平地予以配置，消解不同的高等职业院校之间、不同的社会人之间资源配置失衡因素的作用，彰显高等职业教育作为公共产品"为了人人"而均衡分配的社会功能，提高资源利用效率和产出效率，降低无效或者低效资源损耗，增大内部产出和外部产出份额，在公平的基础上满足教育效率。

鉴于教育公平与教育效率两者之间具有以上所说的统一协调关系，本书以教育公平与教育效率两个维度作为坐标轴建构二维象限,作为分析框架(陈廷柱,2012:59),用以针对省级教育厅局、省级行业厅局、地级市政府以及国有企业四种行政主管部门与高等职业院校之间的行政隶属关系类型,分别考察不同类别高等职业院校的办学状态和办学水平所体现的教育公平与教育效率状况,揭示举办体制与高等职业院校办学能力两者之间的规律性。

四、高等职业院校内部组织要素理论

伯顿·克拉克(1988)在由他主编的著作《高等教育新论——多学科的研究》中对大学组织要素做过集中研究。从组织的观点对大学内部进行分析,大学是包括工作、信念和权力三种组织要素的组织系统,其中工作要素体现为学科结构组织,信念要素体现为学科信念和院校组织文化。专业学者以各自的学科为依托,在大学内部结成学科和院系等科层组织,建立工作结构,追求学科信念和形塑组织文化,人际间关系接受权力模式的制约,通过开展教学、科研和服务等职能活动来完成学术使命。在本书中,就高等职业院校而言,工作要素体现为专业设置,信念要素体现为办学目标定位以及交织于其中的办学理念。至于权力要素,鉴于本书的整体主旨就在于分析高等职业院校与其所从属的行政主管部门之间建构的行政隶属关系对自身办学的影响,而且本书的第八章、第九章将集中透视高等职业院校赖以运行的权力结构及其工作机制,这里就不再进行专述。

根据亚里士多德实体论将实体视为形式和质料二者的复合,其中形式表示实体的本质,形式对质料发挥决定作用的形而上学原理,为凸显信念要素在高等职业院校组织要素中的引领地位,本书将伯顿·克拉克所设定的工作、信念两个组织要素的位置进行相互调换,使信念要素在顺序上处在工作要素前面。

关于信念要素中的学科信念方面,本书以高等职业院校办学目标定位及其中的办学理念作为分析对象。高等职业院校办学目标定位区分出本体办学目标和相对关系办学目标,两者具有通过办学能力跃升层级实现宏大远景的总体特点。其中,高等职业院校本体办学目标体现在办学理念、专业大类定位、服务对象定位和办学特色定位等四个具体方面,高等职业院校相对关系办学目标体现在地理范围美誉目标和社会声誉评级状况两个方面。高等职业院校社会声誉评级以高等职业院校在政府设置的竞争性(高等)职业教育政策性投资建设项目方面的参与结果作为依据。

关于工作要素中的专业设置方面,本书区分为院校目标层面和院校工作层面。其中,院校目标层面的专业设置是指院校专业大类定位设置,将院校目标层面的专业大类定位设置作为信念要素处理;院校工作层面的专业设置是指针对社会需求的专业结构设置与凸显资源能力的专业布点设置,将院校工作层面的专业设置保留作为工作要素处理。在对工作要素中的专业设置的处理中,根据联合国教科文组织制定的《高等教育变革与发展的政策性文件》(1995年)、《世界高等教育会议宣言——21世纪的高等教育:展望和行动》(1998年)和《2009年世界高等教育大会公报:高等教育与研究在促进社会变革和发展中的新动力》等文件的倡导精神,高等职业院校的相应表现划分为两个方面的特点,一是适应区域经济社会要求进行专业大类设置,应突出"针对性"特点(肖建芳,2006:166-168),或称"适切性"特点(吴玫,2011:79-84);二是凸显院校教育资源配置状况进行专业布点设置,应强调"差异性"特点,或称"多样性"特点(熊建辉,2009:23-27)。

第二章

省域高等职业教育管理体制与
举办体制政策文本分析

　　本章把研究所涉及的省域高等职业教育组织体系中的体制政策文本,分作管理体制和举办体制两个方面,分别进行梳理和简评。本书所开展的工作在于,收集高等职业教育管理体制、举办体制的相关政策文本,抽取其中相关内容,将文件制作主体或者所要规范的对象作为对相关政策文本进行分类的标准,辅以时间演进顺序,梳理政策、法规等文本依据,从中找到相关主题的政策法规变迁路线,清理相关主题的政策目标脉络。至于政策主体、政策过程、政策问题与效果,乃至政策法规文本中内隐的体制框架与结构要素、主体职能及表述流变等,在本书中都不做分析。

第一节　省域高等职业教育管理体制政策文本分析

　　结合研究需要和国家行政体制改革实际,本书将高等职业教育管理体制按照所涉及的政府层级界定为从属于包括中央政府、省级政府两级政府主体的高等教育(宏观)管理体制。高等教育(宏观)管理体制是当前政治实践和教育实践中现行的高等教育管理体制。本书将职业教育管理体制按照所涉及的政府层级划分为宏观和中观两个层次。宏观层次的职业教育管理体制,将所涉及的政府主体设定为中央政府、省级政府,或者将所涉及的政府主体表述为中央政府、不指明地方政府层级(不限于省级政府)的地方政府,就其都涉及中央政府主体而言,本书将其称为职业教育(宏观)管理体制。中观层次的职业教育管理体制,包括省级政府、地级市政府、县级政府三级地方政府主体,就其不涉及中央政府主体,只是涉及省级行政区域和省域各级地方政府主体而言,本书将其称为职业教育(中观)管理体制。

关于高等职业教育的高等教育(宏观)管理体制、职业教育(宏观)管理体制、职业教育(中观)管理体制的法规、政策文本,主要包括法律性文件和政策性文件两种文本形式。

一、关于高等职业教育管理体制的法律性文件

高等职业教育管理体制相关法律性文件,一共有 5 件,表现为法律、行政法规、部门规章三种形式,其中法律 3 件、行政法规 1 件、部门规章 1 件。

(一)法律

高等职业教育管理体制相关法律包括《中华人民共和国教育法》(以下简称《教育法》)、《中华人民共和国职业教育法》(以下简称《职业教育法》)和《中华人民共和国高等教育法》(以下简称《高等教育法》)。

1.《教育法》

1995 年 9 月 1 日施行,2021 年 4 月 29 日修订的《教育法》是高等职业教育管理体制的基本法律依据。《教育法》第十四条、第十五条、第二十条中,对中央、地方各级政府及其所属教育行政部门、其他有关行政部门举办和管理教育的职责做出基础性的法律规定:高等教育由国务院和省级政府管理;国务院教育行政部门主管全国教育工作,地方政府教育行政部门主管本行政区域内的教育工作,地方政府其他有关部门在各自的职责范围内,负责有关的教育工作;国家实行职业教育制度,要求各级政府、有关行政部门和行业组织以及企业事业组织举办和发展职业学校教育。

2.《职业教育法》

1996 年 9 月 1 日施行,2022 年 4 月 20 日修订的《职业教育法》第六条、第八条、第九条、第二十一条、第二十三条规定,职业教育实行政府统筹、分级管理、地方为主、行业指导、校企合作、社会参与的管理体制;国务院教育行政部门负责职业教育工作的统筹规划、综合协调、宏观管理,国务院教育行政部门、人力资源和社会保障行政部门与其他有关部门在国务院规定的职责范围内,分别负责有关的职业教育工作,省级政府要加强对省域职业教育工作的领导;国家推进多元办学,发挥企业的重要办学主体作用,推动企业参与和举办职业教育,有关行业主管部门等群团组织、行业组织实施职业教育;县级地方政府举办或者参与举办发挥骨干和示范作用的职业学校;行业主管部门等

群团组织、行业组织举办或者联合举办职业学校。

3.《高等教育法》

1999年1月1日施行,2018年12月29日修订的《高等教育法》第六条、第十三条、第十四条规定,国家根据经济建设和社会发展的需要,举办高等学校,鼓励企业事业组织、社会团体等社会力量举办高等学校;国务院统一领导和管理全国高等教育事业,省、自治区、直辖市人民政府统筹协调本行政区域内的高等教育事业,管理主要为地方培养人才和国务院授权管理的高等学校;国务院教育行政部门主管全国高等教育工作,管理由国务院确定的主要为全国培养人才的高等学校,国务院其他有关部门在国务院规定的职责范围内负责有关的高等教育工作。《高等教育法》第六十八条指出,高校包括高等职业院校。因此,《高等教育法》适用于高等职业教育,高等职业教育管理体制应受《高等教育法》的规制。

（二）行政法规

1986年3月12日,国务院发布的《国务院关于发布〈高等教育管理职责暂行规定〉的通知》(国发〔1986〕32号)(以下简称《高等教育管理职责暂行规定》)是与本书主题相关的关于高等职业教育管理体制的现行行政法规。《高等教育管理职责暂行规定》中对高等职业教育管理体制中不同主体之间的管理权限划分的相关规定在出台时间在后的《高等教育法》中都得以重申(国务院,1986:442-446)。

（三）部门规章

1998年3月16日国家教委、国家经贸委、劳动部发布的《关于印发〈关于实施〈职业教育法〉加快发展职业教育的若干意见〉的通知》(教职〔1998〕2号)是规范高等职业教育管理体制的现行部门规章。该文件对《职业教育法》中规定的高等职业教育管理体制的相关原则性条款进行细化,构建和完善高等职业教育主体结构和机制框架,使高等职业教育管理体制具有法律运行的操作性。

二、关于高等职业教育管理体制的政策性文件

在关于高等职业教育管理体制的政策性文件中,高等教育、职业教育两种主题性质分别对应政府主体分级分权的两种形式。一种形式是,高等职业教育从教育层次上被视同为高等教育。高等教育由中央政府与省级政府两级政府分权管理,因而高等职业教育将受制于高等教育(宏观)管理体制,政府

对高等职业教育的管理实行由中央政府与省级政府分级分权宏观管理。一种形式是,高等职业教育从教育类型上被视同为职业教育。职业教育管理在实施层面以地方政府为主,由省级政府统筹,或者省级政府、地级市政府、县级政府进行分级分权管理,相应地,职业教育管理体制被称为省域地方政府职业教育(中观)管理体制。下文主要按照文件制发单位的政府层级、发文主体数量和职能性质分类,对高等职业教育管理体制方面的相关政策性文件分为高等教育(宏观)管理体制、职业教育(中观)管理体制两个方面,分别进行梳理。

需要指明的是,中央政府出台的关于职业教育的政策性文件并非当然适用于高等职业教育和高等职业院校。在 20 世纪 80 年代初期到 21 世纪 10 年代之前,"职业教育"或者"职业技术教育"概念多指中等职业教育,当时发布的政策性文件的规范对象也主要是指中职教育,对高等职业教育一般强调只用其中的个别条款进行规范。当时,国家注重高等职业教育的高等教育层次属性,中央教育行政部门的高等职业教育管理职能和机构附设于其内设机构——高等教育司之下,主要通过高等教育政策对高等职业教育进行宏观管理。进入 21 世纪 10 年代之后,国家转而注重高等职业教育的职业教育类型属性,中央教育行政部门的高等职业教育管理职能和机构从高等教育司调整至内设机构——职业教育与成人教育司之下,国家教育行政部门印发和规范高等职业教育的专文逐渐增多。所以,对职业教育政策性文件是否适用于高等职业教育和高等职业院校,要结合有关文件发布当时的整体形势和文件文本的实际语境进行分析判断。

(一)高等教育(宏观)管理体制:中央和省两级政府分级管理

从 1950 年到 2014 年,国家发布的关于中央、省两级政府高等职业教育宏观管理体制改革的政策性文件一共有 12 件,按照发文主体形式分为中共中央单主体发文 2 件、中共中央与国务院双主体联合发文 3 件、国务院(政务院)单主体发文 6 件、教育部等部门多主体联合发文 1 件。下面按照发文的主体形式、年度顺序进行政策文本梳理。

中共中央单主体发文。关于高等教育(宏观)管理体制的中共中央单主体发布的政策性文件,其中内容与高等职业教育有关的,主要有以下 2 件。

《中共中央关于教育体制改革的决定》。1985 年 5 月 27 日中共中央发布的《中共中央关于教育体制改革的决定》(中发〔1985〕12 号)指出,现有教育体制的问题是,在教育事业管理权限的划分上,政府有关部门对高校统得过死,而政府应该加以管理的事情又没有管好,要求改革管理体制,加强宏观管理,实行简政放权,扩大高校的办学自主权。该文件的发布标志着我国教育体制进入"教育改革元年"。

《中共中央关于全面深化改革若干重大问题的决定》。2013 年 11 月 12 日中共中央通过的《中共中央关于全面深化改革若干重大问题的决定》要求扩大省级政府教育统筹权和学校办学自主权。

中共中央、国务院联合发文。关于高等教育(宏观)管理体制的由中共中央、国务院双主体联合发布的政策性文件,其中内容与高等职业教育有关的,主要有以下 3 件。

《中国教育改革和发展纲要》。1993 年 2 月 13 日中共中央、国务院发布的《中国教育改革和发展纲要》(中发〔1993〕3 号)强调,要解决中央与地方关系,扩大省级政府的高等教育决策权和统筹权。

《中共中央国务院关于深化教育改革,全面推进素质教育的决定》。1999 年 6 月 13 日中共中央、国务院发布的《中共中央国务院关于深化教育改革,全面推进素质教育的决定》(中发〔1999〕9 号)明确提出高等教育管理体制改革时间表,要求用 3 年时间基本完成高等教育管理体制和布局结构调整;国务院向省级政府下放发展高等职业教育和大部分高等专科教育的权力以及责任。

《国家中长期教育改革和发展规划纲要(2010—2020 年)》。2010 年 7 月 29 日中共中央、国务院发布的《国家中长期教育改革和发展规划纲要(2010—2020 年)》(中发〔2010〕12 号)要求,进一步完善以省级政府为主的高等教育管理体制。

在以上文件中,中央政府制定和实施下放高等教育管理权力清单的顶层设计,中央集权的高等教育管理体制演变为实行中央、省两级政府分权,以省级政府为主的高等教育管理体制。省级政府在新型高等教育管理体制中的重心地位和基础作用被明确和固定,并不断得到强调和完善。

国务院单主体发文。关于高等教育(宏观)管理体制的国务院单主体发文,包括政务院单主体发文、国务院办公厅单主体发文等形式的政策性文件,其中内容与高等职业教育有关的,主要有以下 6 件。

《关于高等学校领导关系的决定》。1950 年 7 月 28 日政务院(1950:67)公布的《关于高等学校领导关系的决定》规定,中央教育部统一领导全国高校,中央业务部门直接领导与本部门业务有关的高校。这是中华人民共和国成立初期,中央政府确定高等教育管理体制的政策文本依据。文件规定,对高等教育进行管理的主体只有中央政府一级,省级政府此时没有被授权作为高等教育的管理主体。

《中央人民政府政务院关于修订高等学校领导关系的决定》。1953 年 5 月 29 日政务院(1953:66)公布的《中央人民政府政务院关于修订高等学校领导关系的决定》重申,中央高等教育部对全国高校进行统一与集中领导,直接管理综合性大学、与多个业务部门有关的多科性工业高校,中央有关业务部门负责管理与一个业务部门有关的单科性高校,大区、省等地方政府可受中央高等教育部或者中央有关业务部门委托管理某些高校。此时并未形成中央和省两级架构的高等教育管理体制。

《国务院批转国家教委关于加快改革和积极发展普通高等教育意见的通知》。1993 年 1 月 12 日国务院发布的《国务院批转国家教委关于加快改革和积极发展普通高等教育意见的通知》(国发〔1993〕4 号)提出,高等教育管理体制改革的方向是实行中央与省两级管理、两级负责;中央管理部门要简政放权,主要负责大政方针、宏观规划和监督检查,将地方所属高校的政策、制度、计划的制定实施和对学校的领导管理责任与权力交给地方,加强地方政府的管理职能。

《国务院关于〈中国教育改革和发展纲要〉的实施意见》。1994 年 7 月 3 日国务院发布的《国务院关于〈中国教育改革和发展纲要〉的实施意见》(国发〔1994〕39 号)细化《中国教育改革和发展纲要》(中发〔1993〕3 号)的实施措施,提出要解决中央与地方关系,扩大省的高等教育决策权和统筹权,并要求进行细化和落实。

《国务院办公厅转发国家教委关于深化高等教育体制改革若干意见的通知》。1995 年 7 月 19 日国务院办公厅发布的《国务院办公厅转发国家教委关于深化高等教育体制改革若干意见的通知》(国办发〔1995〕43 号)指出,高等教育管理体制改革的目标是,到 2000 年或稍长一点时间,基本形成中央和省两级政府管理、分工负责,以省级政府统筹为主,条块有机结合的体制框架;教育行政管理者主要是国务院和省两级政府的教育行政部门,分别负责统筹规划和宏观管理全国和省域高等教育,行使教育行政管理权。

《国务院批转教育部面向 21 世纪教育振兴行动计划的通知》。1999 年 1 月 13 日国务院发布的《国务院批转教育部面向 21 世纪教育振兴行动计划的通知》(国发〔1998〕4 号)明确提出改革时间表,要求在 3 ～ 5 年之内,基本形成高等教育管理新体制;要通过试点,逐步把高等职业教育的招生计划、入学考试和文凭发放等方面的责任和权力下放给省级政府和学校,省级政府在中央政府的宏观指导下,对省域高等职业教育的现有资源进行统筹。

中央政府在发布的以上文件中,确立和一再重申中央教育部(中央高等教育部)统一领导全国高校的地位和职权,同时明确中央其他业务部门、省级政府的相关职责,并且在时间上提出分阶段的体制建设目标要求,逐步建立起完整的高等教育管理体制结构框架。

教育部等部门联合发文。由教育部等部门多主体联合发布的政策性文件中,内容与高等职业教育(宏观)管理体制有关的主要有下面 1 件。

《国家教育体制改革领导小组办公室关于进一步扩大省级政府教育统筹权的意见》。2014 年 7 月 8 日国家教育体制改革领导小组办公室发布的《国家教育体制改革领导小组办公室关于进一步扩大省级政府教育统筹权的意见》(教改办〔2014〕1 号)提出要求,要完善以省级政府为主的高等教育管理体制。

(二)职业教育(宏观)管理体制:中央与地方分级管理

在职业教育(宏观)管理体制方面,中央政府发布的关于中央与地方分级管理的政策性文件主要有 6 件,按照发文主体形式分为教育部等部门多主体联合发文 1 件,国务院单主体发文 3 件,中共中央办公厅、国务院办公厅双主体联合发文 2 件。下面按照发文的主体形式、年度顺序进行政策文本梳理。

教育部等部门联合发文。由教育部等部门多个主体联合发布的政策性文件,主要有下面 1 件。

《教育部等六部门关于印发〈现代职业教育体系建设规划(2014—2020年)〉的通知》。2014 年 6 月 16 日教育部等六部门发布的《教育部等六部门关于印发〈现代职业教育体系建设规划(2014—2020 年)〉的通知》(教发〔2014〕6 号)指出,中央政府赋予省级政府在职业院校布局规划、招生考试等方面更多的统筹规划权限,加强省级政府统筹规划职能。

国务院单主体发文。关于职业教育(宏观)管理体制的由国务院单主体发布的 3 份政策性文件,包括被俗称为"职教 20 条"的《国务院关于印发国家职业教育改革实施方案的通知》以及国务院此前发布的 2 份相关文件。

2019 年 1 月 24 日国务院印发《国务院关于印发国家职业教育改革实施方案的通知》(国发〔2019〕4 号)。该文件在"七、做好改革组织实施工作"部分的"(二十)完善国务院职业教育工作部际联席会议制度"中提出,国务院分管教育工作的副总理担任召集人,由教育、人力资源社会保障、发展改革、工业和信息化、财政、农业农村、国资、税务、扶贫等单位组成国务院职业教育工作部际联席会议,负责统筹协调全国职业教育工作,研究协调解决工作中的重大问题,听取国家职业教育指导咨询委员会等方面的意见建议,部署实施职业教育改革创新重大事项。其中,国务院教育行政部门负责职业教育工作的统筹规划、综合协调、宏观管理,国务院教育行政部门、人力资源社会保障行政部门和其他有关部门在职责范围内,分别负责有关的职业教育工作。"二、构建职业教育国家标准"部分的"(五)完善教育教学相关标准"中提出,国务院教育行政部门要继续联合行业制定国家教学标准,职业院校依据标准自主制订人才培养方案。"二、构建职业教育国家标准"部分的"(六)启动 1+X 证书制度试点工作"中提出,国务院人力资源社会保障行政部门负责组织制定职业标准,国务院教育行政部门负责依照职业标准组织开发教学等各种相关的标准,国务院人力资源社会保障行政部门、教育行政部门在职责范围内,分别负责管理监督考核院校外、院校内职业技能等级证书的实施(技工院校内由人力资源社会保障行政部门负责)。"六、加强职业教育办学质量督导评价"部分提出"(十七)建立健全职业教育质量评价和督导评估制度",要求完善政府、行业、企业、职业院校等共同参与的质量评价机制,定期向国务院教育督导委员会进行职业教育督导评估情况汇报(国务院,2019:9-16)。

与国发〔2019〕4 号文件在"七、做好改革组织实施工作"部分提及的"(二十)完善国务院职业教育工作部际联席会议制度"相关联,经在中国知网检索,找到《中华人民共和国国务院公报》曾经刊载过的由国务院发布的以职业教育工作部际联席会议制度为主题的两个批复文件。第一份文件是2004 年 6 月 4 日由国务院印发的《国务院关于同意建立职业教育工作部际联席会议制度的批复》(国函〔2004〕41 号)。该文件针对教育部《关于建立职业教育工作部际联席会议制度的请示》(教职成〔2004〕5 号)做出批复,同意由教育部牵头,包括发展改革委、财政部、人事部、劳动部、农业部和扶贫办,一共 7 个中央政府部门和单位组成,建立职业教育工作部际联席会议制度。该批复文件的附件为 2004 年 5 月 28 日 7 个中央政府部门和单位联合署名的《职业教育工作部际联席会议制度》,附件的最后部分为包括 1 名召集人(时任教育部部长)和 7 名成员的姓名的职业教育工作部际联席会议成员名单(国务院,2004:37-39)。第二份文件是 2018 年 11 月 20 日由国务院印发的《国务院关于同意建立国务院职业教育工作部际联席会议制度的批复》（国函〔2018〕144号）。该文件针对教育部《关于提请调整完善职业教育工作部际联席会议制度的请示》（教职成〔2018〕8号）做出批复，同意建立由国务院领导同志牵头负责的国务院职业教育工作部际联席会议制度，撤销职业教育工作部际联席会议制度。该批复文件的附件为《国务院职业教育工作部际联席会议制度》。该附件在"二、成员单位"中做出规定，国务院职业教育工作部际联席会议由教育部、发展改革委、工业和信息化部、财政部、人力资源社会保障部、农业农村部、国资委、税务总局、扶贫办9个部门和单位组成，教育部为牵头单位。附件的最后部分为包括1名召集人（国务院分管教育工作的副总理）、2名副召集人（时任教育部部长、协助分管教育工作的国务院副秘书长）和9名成员（国务院职业教育工作部际联席会议成员单位副部长等）的姓名的国务院职业教育工作部际联席会议成员名单（国务院，2018：34-36）。

中共中央办公厅、国务院办公厅联合发文。关于职业教育（宏观）管理体制的由中共中央办公厅、国务院办公厅双主体联合发布的政策性文件主要有以下2件。

中共中央办公厅、国务院办公厅印发《关于推动现代职业教育高质量发展的意见》。根据新华社2021年10月12日电讯稿，中共中央办公厅、国务院办公厅印发的《关于推动现代职业教育高质量发展的意见》在"七、组织实施"部分的"（二十）加强组织领导"中提出要求，职业教育工作部门联席会议要发挥作用，教育行政部门负责落实对职业教育工作统筹规划、综合协调、宏观管理职责；中央政府将职业教育工作纳入对省级政府履行教育职责的督导评价内容当中，各省级政府将职业教育工作纳入对地方政府的经济社会发展考核当中；在"三、完善产教融合办学体制"部分的"（七）优化职业教育供给结构"中提出，推进部省共建职业教育创新发展高地，优化区域资源配置（新华社，2021：2）。

中共中央办公厅、国务院办公厅印发《关于深化现代职业教育体系建设改革的意见》。根据新华社2022年12月21日电讯稿，中共中央办公厅、国务院办公厅印发的《关于深化现代职业教育体系建设改革的意见》在"四、组织实施"部分的"12．建立组织协调机制"中提出，完善国务院职业教育工作部际联席会议制度，教育部负责牵头，会同相关部门建立统筹协调推进机制，推动行业企业积极参与，省级党委和政府负责健全人才、产业和政策三个方面的落实机制；在"一、总体要求"部分的"2．改革方向"中提出，支持省级政府和重点行业先行先试,通过央地互动、区域联动的方式,构建现代职业教育体系建设与改革的政府、行业、企业、学校协同机制;在"二、战略任务"部分提出"3. 探索省域现代职业教育体系建设新模式",要求围绕区域协调发展战略、区域重大战略和乡村振兴,由中央政府推动、地方政府实施,选择试点省份,建立现代职业教育体系建设推进部省协同机制(新华社,2022)。

(三)职业教育(中观)管理体制:省、地级市两级政府分级管理

从 1991 年到 2015 年,中央政府发布的关于省、地级市两级地方政府职业教育(中观)管理体制的政策性文件一共有 11 件,按照发文主体形式分为中共中央办公厅、国务院办公厅双主体联合发文 2 件,国务院单主体发文 5 件,教育部与其他部门多主体联合发文 2 件,教育部单主体发文 2 件(内含国家教育体制改革领导小组办公室单主体发文)。下面按照发文的主体形式、年度顺序对政策文本进行相关内容的梳理。

1. 政策文本梳理

中共中央办公厅、国务院办公厅双主体联合发文。关于职业教育(中观)管理体制的由中共中央办公厅、国务院办公厅双主体联合发布的政策性文件,主要有以下 2 件。

中共中央办公厅、国务院办公厅印发《关于推动现代职业教育高质量发展的意见》。根据新华社 2021 年 10 月 12 日电讯稿,中共中央办公厅、国务院办公厅印发的《关于推动现代职业教育高质量发展的意见》在"二、强化职业教育类型特色"部分的"(四)巩固职业教育类型定位"中,就省级政府与推动职业教育类型特色发展的关系提出,要加强省级统筹,将职业院校招生实行的"文化素质＋职业技能"考试办法确立为"职教高考"制度,招生考试中要贯彻公平公正原则(新华社,2021:2)。

中共中央办公厅、国务院办公厅印发《关于深化现代职业教育体系建设改革的意见》。根据新华社 2022 年 12 月 21 日电讯稿,中共中央办公厅、国务院办公厅印发的《关于深化现代职业教育体系建设改革的意见》在"四、组织实施"部分提出"12. 建立组织协调机制",要求省级党委和政府支持地方建立职业教育管理机构,统筹职业教育改革发展(新华社,2022)。

国务院单主体发文。关于职业教育(中观)管理体制的由国务院单主体发布的政策性文件,主要有以下 5 件。

《国务院关于大力发展职业技术教育的决定》。1991 年 10 月 17 日国务院发布的《国务院关于大力发展职业技术教育的决定》(国发〔1991〕55 号)

指出,职业技术教育的关键责任者是市、县地方政府。这是中央政府第一次在政策性文件中明确要求,地级市政府承担发展职业技术教育的关键责任。

《国务院关于大力推进职业教育改革与发展的决定》。2002年8月24日国务院发布的《国务院关于大力推进职业教育改革与发展的决定》(国发〔2002〕16号)再次提出,县级以上地方各级政府要承担发展职业教育的主要责任和发挥主导作用,强调市(地)级政府所承担的是统筹本行政区域职业教育发展的责任。

《国务院批转教育部2003—2007年教育振兴行动计划的通知》。2004年3月3日国务院发布了《国务院批转教育部2003—2007年教育振兴行动计划的通知》(国发〔2004〕5号),就地级市政府在职业教育发展中的责任问题,国务院第三次明确指出,要强化地级市政府的职业教育统筹责任,推进教育管理体制改革。

《国务院关于加快发展现代职业教育的决定》。2014年5月2日国务院发布的《国务院关于加快发展现代职业教育的决定》(国发〔2014〕19号)强调,强化省级政府统筹,要求地方政府切实履行推进本地职业教育改革发展的主要责任。

《国务院关于印发国家职业教育改革实施方案的通知》。2019年1月24日国务院印发的《国务院关于印发国家职业教育改革实施方案的通知》(国发〔2019〕4号)在"四、建设多元办学格局"部分的"(十三)推动企业和社会力量举办高质量职业教育"中要求,各级政府部门深化"放管服"改革,加快职能转变,对职业教育由注重"办"过渡为"管理与服务",履职方式主要是规划战略、制定政策、依法依规监管;在"五、完善技术技能人才保障政策"部分的"(十六)健全经费投入机制"中要求,高等职业教育生均财政拨款水平在各级地方政府达到12 000元的基础上,根据发展需要和财力可能逐步提高(国务院,2019:9-16)。

教育部等部门联合发文。关于职业教育(中观)管理体制的由教育部与其他部门多主体联合发布的政策性文件,主要有以下2件。

《关于进一步加强职业教育工作的若干意见》。2004年9月14日教育部等七部门联合发布的《关于进一步加强职业教育工作的若干意见》(教职成〔2004〕12号)明确提出,地级市政府在统筹职业教育时,要打破部门界限和学校类型界限,整合职业教育资源,优化职业院校布局结构。

《教育部等六部门关于印发〈现代职业教育体系建设规划(2014—2020

年）〉的通知》。2014 年 6 月 16 日教育部等六部门发布的《教育部等六部门关于印发〈现代职业教育体系建设规划（2014—2020 年）〉的通知》（教发〔2014〕6 号）重申，地级市政府要对区域内职业教育加强统筹规划与管理。

教育部单主体发文。关于职业教育（中观）管理体制的由教育部单主体发布的政策性文件（包含国家教育体制改革领导小组办公室单主体发文），主要有以下 2 件。

《国家教育体制改革领导小组办公室关于进一步扩大省级政府教育统筹权的意见》（教改办〔2014〕1 号）。2014 年 7 月 8 日国家教育体制改革领导小组办公室发布的《国家教育体制改革领导小组办公室关于进一步扩大省级政府教育统筹权的意见》提出，进一步扩大省级政府教育统筹权，加强省级政府对现代职业教育改革发展的领导。

《教育部关于印发〈高等职业教育创新发展行动计划（2015—2018 年）〉的通知》（教职成〔2015〕9 号）。该文件由教育部于 2015 年 10 月 19 日发布，其中要求提高区域高等职业教育的均衡程度，深入推进地级市高等职业教育综合改革试点，督促地级市政府进一步明确管理高等职业教育的职责与权限。

2. 相关问题分析

（1）法律冲突与解决方案

《教育法》《高等教育法》两部法律与《职业教育法》之间在关于地级市政府对高等职业教育的管理权限方面的规定上存在法律冲突问题。

《教育法》和《高等教育法》均排除地级市政府的高等职业教育管理权。《教育法》第十四条中做出的“高等教育由国务院和省、自治区、直辖市人民政府管理”的赋权性规定明白无误地排除地级市政府的高等教育管理职权，从此表明的结论是，地级市政府无权管理处在职业教育类型中的高等教育层次的高等职业教育。《高等教育法》第十三条“国务院统一领导和管理全国高等教育事业。省、自治区、直辖市人民政府统筹协调本行政区域内的高等教育事业，管理主要为地方培养人才和国务院授权管理的高等学校”的规定同样排除地级市政府的高等教育管理职权和高等职业教育管理职权。《高等教育法》的这一规定是对《教育法》第十四条规定内容的具体落实和支持，表明《高等教育法》与《教育法》的相关规定贯彻着同样的法律精神。

按照《职业教育法》第六条“各级人民政府应当将发展职业教育纳入国民经济和社会发展规划”和第十一条“县级以上地方各级人民政府应当加强

对本行政区域内职业教育工作的领导、统筹协调和督导评估"的规定,地级市政府分别属于其中的"各级人民政府"以及"县级以上地方各级人民政府",自然"应当将发展职业教育纳入国民经济和社会发展规划"和"应当加强对本行政区域内职业教育工作的领导、统筹协调和督导评估"。鉴于高等职业教育具有职业教育类型属性,地级市政府国民经济和社会发展规划中被纳入的职业教育当中应该包括高等职业教育,地级市政府领导、统筹协调和督导评估本行政区域的职业教育工作对象也就应该包括高等职业教育。综上所述,《职业教育法》的有关规定与《教育法》《高等教育法》两部法律的有关规定存在法律冲突。

解决这两组法律冲突的办法,应当从《立法法》中寻找和确定。《教育法》是由全国人民代表大会制定和修改的、在教育方面带有根本性和全局性的"其他基本法律",在教育法律体系中属于上位法,按照法理学当中的基本法律的效力高于非基本法律的法律效力规则,对由全国人民代表大会常务委员会制定和修改、调整对象为具体方面或者局部的《职业教育法》《高等教育法》等"非基本法律"的下位法进行指导和限制。《职业教育法》《高等教育法》两者同属于对具体的教育类型或者教育层次作为对象进行规范的教育基本法律下位的部门法,在法律效力方面属于同位法,解决这两者的法律冲突应适用法理学当中的特别法高于一般法的法律效力规则。

(2)政策冲突与解决方案

在国发〔1991〕55号、国发〔2002〕16号、国发〔2004〕5号和国发〔2014〕19号四份国务院单主体发布的文件中,存在统筹职业教育的政府层级被突然提升的问题,具体表现在两个方面。第一,中央政府文件强调提升统筹职业教育发展的地方政府层级。国务院单主体发布的前三份文件,都一再重复地提出明确要求,统筹职业教育发展的关键责任、主要责任由地级市政府承担。发文主体比国务院低一个行政等级的教育部与其他部门多主体联合发布的教职成〔2004〕12号和教发〔2014〕6号文件也都一致要求,地级市政府对区域内的职业教育负责统筹。但是,与前述的几份文件表述都不相同的是,国发〔2014〕19号文件明确提出,将统筹职业教育的地方政府的层级从地级市提升为省级,要求强化省级政府统筹。第二,国发〔2014〕19号文件要求地方政府履行推进本地职业教育发展的主要责任,但并未明确指出地方政府具体包括哪些地方政府层级。笔者认为,这里的地方政府既然没有明确指出具体的地方政府层级,那意味着它是对地方政府的笼统指称,是中央政府的对称,即相对于中央政府而言的各级地方政府,包括仅就政府层级意义上的省级政府、地级市政府和县级政府在内,都要在省级政府的统筹之下,共同承担推进本地职业教育发展的主要责任。

以上由国务院或者教育部等中央政府部门发布的文件都逻辑一致地一再指出,就职业教育而言,省级政府主要负责省域职业教育的统筹规划,地级市政府承担发展本地职业教育的主要责任,负责统筹本行政区域职业教育发展。但是,1994 年 7 月 3 日国务院发布的《国务院关于〈中国教育改革和发展纲要〉的实施意见》(国发〔1994〕39 号)强调指出,高等教育在中央和省两级政府管理,在以省级政府为主的管理体制下,有条件的经济发展程度较高地区的中心城市办学要由中央和省两级政府统筹。根据国发〔1994〕39 号文件的规定,(地级)中心城市举办高校并不在以职业教育为对象的(地级)本市政府统筹范围,而是应该作为高等教育范畴,纳入由中央和省两级政府统筹的高等教育管理体制。地级市政府举办的高等职业教育在教育层次意义上无疑属于高等教育范畴,这里突显的是其归属于高等教育所具有的层次属性。按照这一规定,它不再被视作可以由本级政府统筹的职业教育,不能接受由本级政府实施的针对职业教育的自我统筹,而应接受中央和省两级政府实施的高等教育意义上的统筹管理。

或许由于高等职业教育所归属的教育类型的属性处在理论清理中,法律性文件、政策性文件都没有明文规定赋予地级市政府统筹辖区内的高等职业教育的显性权力,这两个方面的原因都干扰着对于高等职业教育与职业教育类型的关系问题、高等职业教育与高等教育的关系问题形成清晰和稳定的认识,相应地阻碍着对于高等职业教育在管理体制上被纳入地级市政府职业教育统筹规划职责范围的问题方面达成共识。所以,地级市政府陷入将高等职业教育纳入工作范围方面存在的理念模糊、政策冲突(文件打架)和由之而来的行动困难,使其在推进统筹本行政区域职业教育发展方面步履维艰。

基于教职成〔2015〕9 号文件的相关表述和政策思路,结合中央政府在改革开放过程中对于拟行的改革议题通常采取的先试点再推广的惯习政策路径,笔者认为,中央政府在地级市政府统筹管理本地高等职业教育方面,此前或许没有达成清晰和坚定的意志,而教职成〔2015〕9 号文件所说的地级市高等职业教育综合改革试点或许将是一个契机,由此地级市政府将会逐渐被中央政府授予高等职业教育管理权限。如果这样的推想成立,中央政府对待高等教育和高等职业教育的管理体制思路就不完全一样。中央政府将高等教育的统筹管理权力从中央政府一元化管理体制仅仅下放一个行政层级到省级政府,实际形成中央和省两级政府分级分权管理,以省级政府为主的高等教育管理体制。而对于高等职业教育,中央政府除将管理权力下放给省级政府之外,在未来还有可能下放两个行政层级到地级市政府,"定格"形成中央、省、地级市三级政府组成高等职业教育分级分权管理体制。从而,中央政府对高等职业教育的管理权力下放,要比对高等教育的管理权力下放,显得更加彻底。

相关的法律问题是,尽管地级市在我国的政治理论和社会实践中已经成为介于省、县之间的独立的一级行政区域单位,但是由于地级市的存在本身缺乏直接的宪法根据,使赋权给地级市的职业教育政策陷入可能涉嫌违宪从而减退政策刚性的危局。根据 1982 年 12 月 4 日通过和施行至今的《中华人民共和国宪法》第三十条第一款规定,国家行政区域主要划分为省、县、乡三级行政区。该法条如此规定表明,地级市不是国家行政区域的基本单位。该法在第三章国家机构、第五节地方各级人民代表大会和地方各级人民政府部分,第九十五条第一款规定"省、直辖市、县、市、市辖区、乡、民族乡、镇设立人民代表大会和人民政府",这一对地方各级人民代表大会和地方各级人民政府的授权设置条款并未列出明文授权对地级市人民代表大会和地级市人民政府进行宪法法定设置。对于地级市,该法中有两种与其大致对应的处理办法,即有"较大的市"和"设区的市"两种名称称谓。第一,在第一章总纲里的国家行政区域划分法条,即第三十条第二款规定"直辖市和较大的市分为区、县",除在此处对"较大的市"做出行政区域划分的规定以外,他处并无明确表述对于地级市作为省、县之间的行政区域划分单位的授权法条。第二,在第三章国家机构、第五节地方各级人民代表大会和地方各级人民政府部分,基于第三十条第二款里"较大的市分为区、县"对"较大的市"的两种下一级行政区域组成单位中包括"区"的规定,在第九十七条、第一百条、第一百零二条,同时出现"设区的市"和"不设区的市",或者单独出现"设区的市",其中的"设区的市"是与地级市大致相当的行政区域划分单位的名称。因此,结合现实推定,该法第三十条第二款中的"较大的市"和第九十七条、第一百条、第一百零二条中的"设区的市",对应于现实中的地级市。本书对于地级市的法源问题所做的法理澄清到此为止不再深入,在下面的研究中仅仅结合研究需要,对地级市政府作为市属高等职业院校的举办主体,仅仅就其举办高等职业院校的行动问题本身,或者偶尔会涉及其统筹管理辖区职业教育的职能问题,本书采取承认现实的态度,从教育管理学角度或者政体理论与实践角度进行研究分析。

第二节　省域高等职业院校举办体制政策文本解析

当前,由中央政府制定的关于高等职业教育(宏观)举办体制的政策文本,主要包括《国务院关于印发国家职业教育改革实施方案的通知》(2019)及中共中央办公厅、国务院办公厅印发的《关于推动现代职业教育高质量发展的意见》(2021)。

《国务院关于印发国家职业教育改革实施方案的通知》。2019年1月24日国务院印发的《国务院关于印发国家职业教育改革实施方案的通知》(国发〔2019〕4号)在"总体要求与目标"部分提出要求,要在5~10年的时间里,职业教育举办体制基本完成从政府举办为主转向政府统筹管理、社会多元办学的格局;在"一、完善国家职业教育制度体系"部分的"(一)健全国家职业教育制度框架"中提出,要以产教融合、校企合作、育训结合的方式,扶持社会企业和其他力量参与职业教育,健全职业教育的多元化办学格局(国务院,2019:9-16)。

中共中央办公厅、国务院办公厅印发的《关于推动现代职业教育高质量发展的意见》。根据新华社2021年10月12日电讯稿,中共中央办公厅、国务院办公厅印发的《关于推动现代职业教育高质量发展的意见》在"一、总体要求"部分的"(三)主要目标"中提出,2025年的目标是,职业教育办学格局更加优化,基本建成现代职业教育体系;2035年的目标是,职业教育的供给与经济社会发展的需求高度匹配,职业教育整体水平进入世界前列。"三、完善产教融合办学体制"部分的"(八)健全多元办学格局"中提出,构建形成政府管理、行业企业举办、社会力量参与的多元办学格局(新华社,2021:2)。

在高等职业教育"多元化办学格局"当中,中央政府部门已经不是主要的举办主体。根据《国务院关于调整撤并部门所属学校管理体制的决定》(国发〔1998〕21号,1998年7月1日发布)、《国务院关于进一步调整国务院部门(单位)所属学校管理体制和布局结构的决定》(国发〔1999〕26号,1999年12月22日发布)和《国务院办公厅转发教育部等部门关于调整国务院部门(单位)所属学校管理体制和布局结构实施意见的通知》(国办发〔2000〕11号,2000年2月12日发布)等由中央政府印发的关于全国高等教育管理体制改革的文件意见及其实施情况,在中华人民共和国成立以来至今形成的高等职业院校的举办格局里,中央政府部门已基本退出举办主体序列。因此,本书对中央政府部门举办高等职业院校不作研究。

本书将高等职业教育举办体制按照所涉及的政府层级界定为包括中央政府、省级政府、地级市政府的三级政府主体。在当前的省域高等职业教育组织体系中,由于上文说明的原因,高等职业教育举办体制事实上已经不再涉及中央政府主体,只是涉及省级政府、地级市政府两级地方政府主体,省级政府教育部门(省级教育厅局)、省级政府行业部门(省级行业厅局)、地级市政府、国有企业成为主要的高等职业院校举办主体类型。

从1950年以来,中央政府发布的关于高等职业教育举办体制的政策性文件主要有33件(包含下面的分类统计中重复的文件),将其按照对象分成4类,即关于省级政府教育部门(省级教育厅局)的政策性文件3件、关于省级政府行业部门(省级业务厅局)的政策性文件10件、关于地级市政府的政策性文件6件、关于国有企业的政策性文件14件。下面针对省级教育厅局、省级行业厅局、地级市政府、国有企业四种举办主体,将有关的政策性文件分类进行梳理分析。

一、省级教育厅局主管高等职业院校举办体制政策文本解析

从1963年到1999年,中央政府发布的关于省级教育厅局作为高等职业院校举办主体的政策性文件,主要有以下3件,发文主体形式全部为中共中央、国务院双主体联合。下面按照发文的年度顺序对政策文本进行相关主题的内容梳理。

《中共中央、国务院对高等学校领导、管理问题两个文件的批示》。1963年6月26日中共中央、国务院发布《中共中央、国务院对高等学校领导、管理问题两个文件的批示》,其中《中共中央、国务院关于加强高等学校统一领导、分级管理的决定(试行草案)》维持1953年5月29日《中央人民政府政务院关于修订高等学校领导关系的决定》列示省级政府高教(教育)厅局的主要职责。该文件规定,省级高教(教育)厅局代表省级政府,负责办理本地区高校行政管理工作,代为直接管理部分高校,并向中央教育部负责。根据该文件的规定,省域建立由省级高教(教育)厅局代表省级政府办理本省高校行政管理工作、代管部分高校的中观管理结构。这一文件由中共中央、国务院联合发布,具有在我国境域的高度政治权威性。

《中国教育改革和发展纲要》。1993年2月13日中共中央、国务院发布《中国教育改革和发展纲要》(中发〔1993〕3号),明确高等教育以中央、省两级政

府办学为主。

《中共中央国务院关于深化教育改革，全面推进素质教育的决定》。1999年 6 月 13 日中共中央、国务院发布的《中共中央国务院关于深化教育改革，全面推进素质教育的决定》（中发〔1999〕9 号）提出，大力发展高等职业教育，省级政府可举办综合性、社区性的职业技术学院（或职业学院）。结合 1963 年6 月 26 日《中共中央、国务院对高等学校领导、管理问题两个文件的批示》对省级高教（教育）厅局工作职责的规定，中发〔1999〕9 号文件所说的"省级政府"应理解为在实践中由省级教育部门作为省级政府的代表，负责具体办理、代为直接管理综合性、社区性的职业技术学院（或职业学院）。

二、省级行业厅局主管高等职业院校举办体制政策文本解析

（一）政策文本梳理

从 1963 年以来，中央政府发布的关于省级行业厅局（省级业务部门）作为高等职业院校举办主体的政策性文件，主要有以下 10 件，按照发文主体形式分为中共中央、国务院双主体联合发文 3 件，国务院单主体发文 3 件（包含国务院办公厅单主体发文），教育部与其他部门多主体联合发文 2 件、教育部单主体发文 2 件。下面按照发文的主体形式、年度顺序对政策文本进行相关主题的内容梳理。

中共中央、国务院联合发文的相关政策性文件主要有以下 3 件。

《中共中央、国务院对高等学校领导、管理问题两个文件的批示》。1963年 6 月 26 日中共中央、国务院在《中共中央、国务院对高等学校领导、管理问题两个文件的批示》中包括的《中共中央、国务院关于加强高等学校统一领导、分级管理的决定（试行草案）》提出，省级有关业务厅局分工管理与本部门业务有关的高校，并受中央有关业务部门的业务指导。以该文件为依据和起点，省域建立起省级业务厅局举办和管理行业高校的条条分割体制。

《中国教育改革和发展纲要》。1993 年 2 月 13 日中共中央、国务院发布的《中国教育改革和发展纲要》（中发〔1993〕3 号）提出，职业技术教育和成人教育主要依靠行业等社会各方面办学。

《国家中长期教育改革和发展规划纲要（2010—2020 年）》。2010 年 7 月29 日中共中央、国务院发布的《国家中长期教育改革和发展规划纲要（2010—2020 年）》提出，省级政府应支持行业发展职业教育，建立健全政府主导、行业指导的办学机制，鼓励行业组织举办职业学校或者参与公办学校办学。

国务院单主体发文(包含国务院办公厅单主体发文)的相关政策性文件主要有以下 3 件。

《国务院关于〈中国教育改革和发展纲要〉的实施意见》。1994 年 7 月 3 日国务院发布的《国务院关于〈中国教育改革和发展纲要〉的实施意见》(国发〔1994〕39 号)重申,职业学校主要依靠行业等社会各界办学为主;中央业务部门要继续办好少量行业特点明显、有特殊需要的高校,做好预测行业人力需求、引导培养行业紧缺人才、组织参与评估监督、协助国家教委指导行业教育发展与改革等工作。

《国务院关于大力推进职业教育改革与发展的决定》。2002 年 8 月 24 日国务院发布的《国务院关于大力推进职业教育改革与发展的决定》(国发〔2002〕16 号)提出,行业主管部门要办好职业学校,对行业职业教育进行协调和业务指导。

《国务院办公厅转发国家教委关于深化高等教育体制改革若干意见的通知》。1995 年 7 月 19 日国务院办公厅发布的《国务院办公厅转发国家教委关于深化高等教育体制改革若干意见的通知》(国办发〔1995〕43 号)要求,改革地方高等教育管理体制上存在的政府教育行政部门、其他业务部门分别办学与管理,各业务厅局主管高校较多的条块分割局面,对省级行业部门主管的高校要求进行必要的调整或合并。

教育部等部门联合发文。教育部与其他部门多主体联合发布的相关政策性文件主要有以下 2 件。

《关于进一步发挥行业、企业在职业教育和培训中作用的意见》。2002 年 12 月 2 日教育部、国家经济贸易委员会、劳动和社会保障部发布的《关于进一步发挥行业、企业在职业教育和培训中作用的意见》(教职成〔2002〕15 号)要求,国务院和省、地级市行业主管部门要继续办好职业学校;地方支柱行业可单独或与高校合办职业技术学院。

《关于进一步加强职业教育工作的若干意见》。2004 年 9 月 14 日教育部等七部门发布的《关于进一步加强职业教育工作的若干意见》(教职成〔2004〕12 号)要求,行业企业要继续办好职业学校,鼓励行业企业与职业学校实行合作办学。

教育部单主体发文的相关政策性文件主要有以下 2 件。

《教育部关于充分发挥行业指导作用推进职业教育改革发展的意见》。2011 年 6 月 23 日教育部发布的《教育部关于充分发挥行业指导作用推进职业教育改革发展的意见》(教职成〔2011〕6号)指出,行业是建设现代职业教育体系的重要力量,省级教育行政部门要支持行业主管部门和行业组织实施职业教育,鼓励行业组织举办职业学校。

《教育部关于印发〈高等职业教育创新发展行动计划(2015—2018年)〉的通知》。2015年10月19日教育部发布的《教育部关于印发〈高等职业教育创新发展行动计划(2015—2018年)〉的通知》(教职成〔2015〕9号)提出,鼓励行业参与职业教育,支持行业举办高等职业教育,履行举办方责任;鼓励和支持行业对本系统高等职业院校进行规划与指导。

(二)相关问题分析

在举办职业教育和高等职业教育方面,国家一以贯之的政策精神是鼓励和支持国务院、省级行业主管部门举办高等职业院校,协助教育部门指导发展行业职业教育。而按照高等职业教育的职业性本质属性要求,省级行业部门(省级业务厅局)应明确作为主要的高等职业院校举办主体,法律、政策等应给予多方面的支持,使其在举办高等职业院校和指导高等职业教育发展上充分发挥作用。基于以上分析,前述国办发〔1995〕43号文件所提出的要求,与国家长期推行的主张行业主管部门举办和发展高等职业教育的精神背道而驰,因而没有得到地方政府普遍的支持和落实。

三、地级市政府举办高等职业院校举办体制政策文本解析

(一)政策文本梳理

从1983年以来,中央政府发布的关于地级市政府作为高等职业院校举办主体的政策性文件,主要有以下6件,按照发文主体形式分为中共中央单主体发文1件,国务院单主体发文3件,教育部与其他部门多主体联合发文2件。下面按照发文的主体形式、年度顺序进行政策文本梳理。

中共中央单主体发文的相关政策性文件主要有下面1件。

《中共中央关于教育体制改革的决定》。1985年5月27日中共中央发布的《中共中央关于教育体制改革的决定》(中发〔1985〕12号)要求,实行中央、省、中心城市三级办学,积极发展高等职业技术院校,着重加快高等专科教育的发展。这份文件正式赋权中心城市举办高等职业教育。

国务院单主体发文的相关政策性文件主要有以下3件。

《国务院批转教育部、国家计委关于加速发展高等教育的报告的通知》。1983年4月28日国务院(1983:491-495)发布的《国务院批转教育部、国家计

委关于加速发展高等教育的报告的通知》（国发〔1983〕76 号）提出，提倡大城市、经济发展较快的中等城市举办高等专科学校和短期职业大学，加快发展高等教育。这是中央政府首次赋予大中城市举办高等职业院校的权力。

《国务院关于大力推进职业教育改革与发展的决定》。2002 年 8 月 24日国务院发布的《国务院关于大力推进职业教育改革与发展的决定》（国发〔2002〕16 号）提出，大中城市和经济发达地区要积极发展高等职业教育，有条件的地级市可举办综合性、社区性的职业技术学院，省属高等职业院校可由省级有关部门与职业学校所在地级市共建、共管。

《国务院关于大力发展职业教育的决定》。2005 年 10 月 28 日国务院（2005：33-38）发布的《国务院关于大力发展职业教育的决定》（国发〔2005〕35 号），强调了由教育部于 2004 年 9 月 14 日发布的教职成〔2004〕12 号文件所提出的相关要求。

教育部等部门联合发文。教育部与其他部门多主体联合发布的政策性文件主要有以下 2 件。

《关于进一步加强职业教育工作的若干意见》。2004 年 9 月 14 日教育部等七部门发布的《关于进一步加强职业教育工作的若干意见》（教职成〔2004〕12 号）提出要求，各级政府办好公办职业院校，每个市（地）要重点建设一所高等职业技术学院，发挥公办职业学校的主力军作用。

《教育部等六部门关于印发〈现代职业教育体系建设规划（2014—2020年）〉的通知》。2014 年 6 月 16 日教育部等六部门发布的《教育部等六部门关于印发〈现代职业教育体系建设规划（2014—2020 年）〉的通知》（教发〔2014〕6 号）要求，在城镇化建设中，新增高等职业院校主要向中小城市布局，并贴近产业和社区办好当地经济社会需要的特色优势专业（集群）。

（二）相关问题分析

中央政府对地级市政府举办高等职业院校的认识和态度逐步成熟和明确。在高等职业教育发展的起步阶段，中央政府对地级市政府在 20 世纪 80年代初期自发举办短期职业大学形式的高等职业院校采取默许的态度，根据认识的加深和形势发展的需要，迅速改变为审慎支持，进而大力提倡，直到无漏点布局，近年甚至降低布点城市的规模层级要求。

相关的政策对地级市政府作为高等职业院校举办主体的许可路线是由点到面，在相关的政策性文件中，早期的高等职业院校举办主体被限定为大城市、经济发展较快的中等城市或者经济发达地区。继之,相关的政策性文件要求每一个地级市都要重点举办能够发挥骨干示范作用的高等职业院校。近年相关的政策性文件则提出向产业和社区贴近,要求小城市也要设置高等职业院校。

地级市政府是中央政府在相关的政策性文件中直接提出设置高等职业院校的具体数字要求的唯一举办主体类型。在相关的政策性文件中,高等职业教育从中央、省两级政府办学,改变为重心下沉到中心城市,甚至进一步发展到包括中小城市在内的三级政府办学甚至四级政府办学。中央政府在基于维护和发展地方中心城市政府举办高等职业教育的积极性的需要所制定的全局性高等职业教育发展战略中,特地将适用于高等教育的"二级(政府)办学"的举办体制拓展为"三级(政府)办学",甚至催生成为风靡全国各个地方中心城市的"新大学运动",强化了地级市政府在"三级(政府)办学"的举办体制中的地位。

四、国有企业举办高等职业院校举办体制政策文本解析

(一)政策文本梳理

从 1958 年以来,中央政府发布的关于国有企业作为高等职业院校举办主体的政策性文件,主要有以下 14 件,按照发文主体形式分为中共中央、国务院双主体联合发文 4 件(内含中共中央办公厅、国务院办公厅双主体联合发文),国务院单主体发文 5 件,教育部与其他部门多主体联合发文 3 件,教育部单主体发文 2 件。下面按照发文的主体形式、年度顺序对政策文本进行相关主题的内容梳理。

中共中央、国务院联合发文。中共中央、国务院双主体联合发布的相关政策性文件主要有以下 4 件(内含中共中央办公厅、国务院办公厅双主体联合发文)。

《中国共产党中央委员会、国务院关于教育工作的指示》。1958 年 9 月 19 日中共中央、国务院(1958:583-588)发布的《中国共产党中央委员会、国务院关于教育工作的指示》要求,少数由中央各业务部门管理的学校下放给所属企业直接管理。从此,国有企业获得国家授权,成为学校的举办主体和管理主体。

《中国教育改革和发展纲要》。1993 年 2 月 13 日中共中央、国务院发布的《中国教育改革和发展纲要》(中发〔1993〕3 号)提出规范性要求,职业教

育主要依靠企业等单位办学。

《国家中长期教育改革和发展规划纲要（2010—2020 年）》。2010 年 7 月 29 日中共中央、国务院发布的《国家中长期教育改革和发展规划纲要（2010—2020 年）》（中发〔2010〕12 号）要求，省级政府要支持企业发展职业教育，建立健全政府主导、企业参与的办学机制，鼓励企业参与公办学校办学，加大职业教育投入。

中共中央办公厅、国务院办公厅《关于推动现代职业教育高质量发展的意见》。根据新华社 2021 年 10 月 12 日电讯稿，中共中央办公厅、国务院办公厅印发的《关于推动现代职业教育高质量发展的意见》就企业举办职业教育而言，该文件在"三、完善产教融合办学体制"部分的"（七）优化职业教育供给结构"中提出，支持行业企业培养培训技术技能人才，在"四、创新校企合作办学机制"部分的"（十二）优化校企合作政策环境"中提出，要求国有资产监督管理机构支持企业举办职业教育。（新华社，2021:2）

国务院单主体发文。国务院单主体发布的相关政策性文件主要有以下 5 件。

《国务院批转教育部、国家计委关于加速发展高等教育的报告的通知》。1983 年 4 月 28 日国务院发布的《国务院批转教育部、国家计委关于加速发展高等教育的报告的通知》（国发〔1983〕76 号）提出目标性要求，提倡大企业举办高等专科学校和短期职业大学。

《国务院关于〈中国教育改革和发展纲要〉的实施意见》。1994 年 7 月 3 日国务院发布《国务院关于〈中国教育改革和发展纲要〉的实施意见》（国发〔1994〕39 号），重申了《中国教育改革和发展纲要》即中发〔1993〕3 号文件提出的企业办学要求。

《国务院关于大力推进职业教育改革与发展的决定》。2002 年 8 月 24 日国务院发布的《国务院关于大力推进职业教育改革与发展的决定》（国发〔2002〕16 号）提出，大型企业可单独举办或与高校联合举办职业技术学院；企业要参加职业学校咨询委员会或理事会进行咨询或决策，合作开展"订单"培训，提供兼职教师、实习场所和设备接收学生实习实训和教师实践，或在职业学校建立研究开发机构和实验中心。

《国务院关于大力发展职业教育的决定》。2005 年 10 月 28 日国务院发布的《国务院关于大力发展职业教育的决定》（国发〔2005〕35 号）提出，完善"政府主导、依靠企业、充分发挥行业作用、社会力量积极参与，公办与民办共同发展"的职业教育多元办学格局,企业可与企业联合举办职业院校。

《国务院关于加快发展现代职业教育的决定》。2014年5月2日国务院发布的《国务院关于加快发展现代职业教育的决定》(国发〔2014〕19号)提出,健全企业参与职业教育制度,大型企业所办职业院校要加强基础能力建设,争创国际先进水平的职业院校。

教育部等部门联合发文。教育部与其他部门多主体联合发布的相关政策性文件主要有以下3件。

《关于进一步发挥行业、企业在职业教育和培训中作用的意见》。2002年12月2日教育部、国家经济贸易委员会、劳动和社会保障部发布的《关于进一步发挥行业、企业在职业教育和培训中作用的意见》(教职成〔2002〕15号)指出,要依靠企业、鼓励企业单独、联合或参与举办职业学校;有关部门要适当放宽企业职业学校的办学设施、办学规模等考核条件,允许改制的企业职业学校享受民办学校的优惠政策。

《关于进一步加强职业教育工作的若干意见》。2004年9月14日教育部等七部门发布的《关于进一步加强职业教育工作的若干意见》(教职成〔2004〕12号),重申了上述教职成〔2002〕15号文件相关意见。

《教育部等六部门关于印发〈现代职业教育体系建设规划(2014—2020年)〉的通知》。2014年6月16日教育部等六部门发布的《教育部等六部门关于印发〈现代职业教育体系建设规划(2014—2020年)〉的通知》(教发〔2014〕6号)指出,企业是职业教育多元办学格局的重要办学主体之一,企业办学是职业教育的办学类型之一,应鼓励、促进大型企业举办或参与举办以服务产业链为目标,依托企业开展教学实训、人才培养和职工培训一体化的特色学院;当前行业企业参与职业教育不充分,应加强企业参与,落实企业责任。

教育部单主体发文。教育部单主体发布的相关政策性文件主要有以下2件。

《教育部关于充分发挥行业指导作用推进职业教育改革发展的意见》。2011年6月23日教育部发布的《教育部关于充分发挥行业指导作用推进职业教育改革发展的意见》(教职成〔2011〕6号)要求,省级教育行政部门大力支持企业举办职业学校,发展职业教育。

《教育部关于印发〈高等职业教育创新发展行动计划(2015—2018年)〉的通知》。2015年10月19日教育部发布的《教育部关于印发〈高等职业教育创新发展行动计划(2015—2018年)〉的通知》(教职成〔2015〕9号)提出，地方各级政府应将企业举办的公办高等职业院校与其他公办院校在安排职业教育专项经费、制定支持政策、购买社会服务时同等对待，支持企业发挥办学主体作用；探索发展混合所有制高等职业院校，鼓励企业和公办高等职业院校合作举办适用公办学校政策、具有混合所有制特征的二级学院，鼓励扶持企业联合高等职业院校共建开展现代学徒制培养的特色学院。

(二)相关问题分析

国有企业办校从1958年起步，以至于目前参与职业教育不充分，呈现大起大落的历史轨迹。在社会主义市场经济体制改革进程中，国家数次剥离原由国有企业举办的普通中小学、普通高校等教育机构，解决"企业办社会"的问题，国有企业所办高等职业院校每次都予以保留和维持，但不免受到冲击和干扰，影响高等职业院校的教育教学活动，加之被赋予既似公办又似民办的模糊身份属性，国有企业举办职业教育的积极性被阻滞，使企业办校逐渐处于边缘化地位。

针对长期以来企业参与高等职业教育不充分的实际状况，中共中央、国务院和教育部等政策主体在以上文件中形成以下政策主张。

一是逐渐形成职业教育举办思路，即政府主导、行业指导、企业参与、多元办学，政府和行业企业各自承担不同的办学职能，政府主要举办普通高校。

二是凸显行业企业在高等职业教育多元办学格局中的依靠力量作用和重要举办主体地位，支持企业采取单独举办、企业联办、企校联办等多种办学形式，鼓励企业加大企业办校投入，争创国际先进办学水平，特许联合公办高等职业院校发展混合所有制的二级学院或者特色学院。

三是形成企业参与高等职业教育制度，明确企业参与高等职业教育的内容和形式，倡导企业为职业学校提供咨询或参与决策，合作开展"订单"培训，提供兼职教师、实习场所和设备支持学生实习实训和教师实践，或在职业学校建立研究开发机构和实验中心。

四是制定实施对企业办学的鼓励政策，要求各省级政府、省级教育部门等地方政府或者部门在安排职业教育专项经费、制定支持政策、购买社会服务时，将国有企业举办的公办高等职业院校与其他公办院校同等对待，适当放宽对企业办校的办学设施、办学规模等考核条件，允许改制的企业办校享受民办学校的优惠政策。

以上政策性文件对国有企业办校的推进效果有待观察。

第三章

省级教育厅局主管高等职业院校办学状态研究

在组织生态系统中,每一个组织生态个体都自有组织生态位。生态位原是生物学概念,是指生物有机体在生物群落中维持存在所需的时间、空间、资源、功能等要素的集合。由于受到适应自然选择的外部驱动和维持自身和谐的内部驱动的双重作用,生物有机体与同在一个生物群落下的种群内其他相同物种有机体或者种群间相异物种有机体存在生态位宽度、生态位重叠或者生态位分离等可测度的生态位空间上的、功能上的共生并育和互斥竞争现象。

高等职业院校组织个体立足组织生态位,与组织生态链条上的行政主管部门、本组织生态种群及其内部所属其他高等职业院校组织个体、其他组织生态种群及其内部所属高等职业院校组织个体、整个组织生态系统等各层级生态组织之间进行物质流、能量流、信息流和价值流等资源交流,产生关联共生的资源互动和动态竞争平衡的时空依存等关系。

在省域高等职业教育组织体系资源规模总量稳定的前提下,每所高等职业院校组织个体都要制定实施战略规划和维护办学定位,主动调适自身与环境资源进行互动的方式、频率和状态,力求守持乃至扩大组织生态位宽度,缩减和消除组织生态位重叠值,突显与其他高等职业院校组织个体之间的组织生态位差异,达成与其他高等职业院校组织个体之间的组织生态位分离,在构建、持存和修复自身组织生态位的基础上,为所在高等职业院校组织生态种群的生存和进化释放组织活力。

本书将省域高等职业院校划分为四种行政隶属关系类型并各作一章,一共占用四章的篇幅,从本章起,直到第六章作为该主题的结束章,分别研究不同行政隶属关系类型高等职业院校的举办主体、办学主体③,以求解析高等职业院校组织个体在不同行政隶属关系下的组织生态学意义。

第一节 省级教育厅局主管高等职业院校举办主体研究

改革开放以来,河南省高等职业教育发展迅速。根据教育部发布的《2015年全国高等学校名单(截至2015年5月21日)》,河南省专科层次高等职业院校有77所,其中公办学校57所,包括10所高等专科学校、3所地方职业大学、44所高等职业院校(谢沂楠,2015)。在44所公办高等职业院校中,6所隶属于河南省教育厅主管,16所隶属于河南省级行业厅局(院)主管,20所由地级市政府举办,2所由大型国有企业举办。河南省教育厅主管的6所独立设置的公办专科高等职业院校,占当年河南省公办高等职业院校总数44所的13.64%。这6所高等职业院校分别是郑州铁路职业技术学院、黄河水利职业技术学院、河南化工职业学院④、河南机电职业学院、郑州信息科技职业学院、河南经贸职业学院。

按照纪宝成(2000)的理解,教育部管理少数直属综合性高校、与多个中央业务部门有关的少数直属多科性高校,是代表国务院(中央人民政府)面向全国提供综合性的或者多个学科的教育服务,是履行由中央政府承担的面向全社会提供公共教育服务职能,不是单纯为满足中央教育行政部门一己的需要而管理直属高校,不同于中央业务主管部门主要为本行业部门提供教育服务而举办单科性行业高校,所以教育部管理的直属高校不属于"部门办学"。由此推论,教育厅局在省域代表省级政府管理部分直属高校,是面向全省提供教育服务,并不等同于其他业务厅局仅面向自身所在系统提供单一行业特色学科教育服务,所以,不能被视为省域层面的行业部门办学。由于中央、省各级教育行政部门主管高校均是代表中央、省本级人民政府办学,故教育行政部门办学可统称为狭义上的"政府办学"。这一理解,符合1953年5月29日《中央人民政府政务院关于修订高等学校领导关系的决定》中对省级政府高教(教育)厅局主要职责的规定精神。需要明确指出的是,这里的"政府"仅指该级人民政府本身,不包括该级人民政府所属其他工作部门,也不包括政治学研究的地方政府概念所包括的地方各级国家立法机关(徐勇,高秉雄,2013:4)。

河南省教育厅主管的6所高等职业院校的举办主体,除原本隶属河南省教育厅主管、建校后没有发生过行政主管部门变动的郑州信息科技职业学院这 1 所高等职业院校之外，另外 5 所高等职业院校都曾随着国家经济体制改革和产业经济政策变革、国务院和省级政府机构改革（行政管理体制改革）与政府职能调整转变的历史进程，经历过从政府行业部门为举办主体到政府教育部门为举办主体的行政隶属关系变革。

郑州铁路职业技术学院、黄河水利职业技术学院原为中央业务部门主管院校，在中央政府机构改革进程中调整为河南省属地方高等职业院校。郑州铁路职业技术学院原属铁道部郑州铁路局主管，根据原国家经贸委、财政部等 6 个部委《关于进一步推进国有企业分离办社会职能工作的意见》（国经贸企改〔2002〕267 号）精神，2004 年 11 月 30 日河南省人民政府办公厅印发《关于做好郑州铁路局在豫职业学校医院幼儿园接收工作的通知》（豫政办〔2004〕123 号），贯彻落实分离企业办社会工作的要求，接收郑州铁路局在豫境内职业学校郑州铁路职业技术学院。黄河水利职业技术学院原属水利部黄河水利委员会主管，根据 2000 年 2 月 12 日国务院办公厅发布的《国务院办公厅转发教育部等部门关于调整国务院部门（单位）所属学校管理体制和布局结构实施意见的通知》（国办发〔2000〕11 号），黄河水利职业技术学院管理体制调整为中央与地方共建、以地方管理为主，国有资产、人员编制、劳动工资管理等均由省级人民政府负责，主要在本地区招生，为本地区培养人才，为本地区经济和社会发展服务。2000 年 3 月 29 日，河南省人民政府发布《河南省人民政府批转省教委等部门关于第三批在豫国务院部门（单位）所属学校管理体制调整的实施意见的通知》（豫政〔2000〕17 号），决定对黄河水利职业技术学院实行中央与省共建、以省管理为主的管理体制，"由省教委负责日常管理"。

河南化工职业学院、河南机电职业学院和河南经贸职业学院 3 所高等职业院校各自在中等专业学校办学的初期，分别由河南省石油化学工业厅、河南省农业农村厅下属副厅级事业单位河南省农业机械管理局、河南省商业厅 3 家省级行业厅局举办和管理。在河南省级政府机构改革进程中，随着国家经济体制由计划经济体制转为市场经济体制、由部门为主的经济管理体制转为区域为主的经济管理体制，3 个省级专业经济管理部门的主体地位和整体职能乃至机构名称在政府机构改革中经过多次调整。但不论 3 个省级专业经济管理部门是被提高地位、扩大职能、职权得到加强和充实，还是被降低地位、调减职能、职权受到削弱和被动整并，甚至主体性质从政府业务主管机关被变更为具有行政管理职能的事业单位并被降低行政规格，都没有改变对所属学校的举办权,直至失去教育管理职能,不再举办和管理学校。在此之前,省级政府始终没有变更过这3所学校的行政主管部门,学校的行政隶属关系一直保持到河南省中等专业学校管理体制调整时期,此后河南省教育厅取代3个省级专业经济管理部门成其行政主管部门。

表 3-1-1 省级教育厅局主管高等职业院校情况表

序号	高等职业院校名称	创校时间	升格基础(主体)名称	升格时间	高职年数
1	郑州铁路职业技术学院	1951 年	郑州铁路教育学院、郑州铁路卫生学校、郑州铁路机械学校、郑州铁路师范学校合并	1999 年 7 月	23
2	黄河水利职业技术学院	1929 年 3 月	黄河水利学校	1998 年 3 月	24
3	河南化工职业学院	1983 年	河南省化学工业学校 河南省化工职工大学	2010 年 3 月	12
4	河南机电职业学院	1953 年	河南机电学校	2011 年 5 月	11
5	郑州信息科技职业学院	2002 年	河南广播电视大学 郑州信息科技学院(资源)	2003 年 5 月	19
6	河南经贸职业学院	1960 年 4 月	河南省商业学校 河南省商业干部学校	2004 年 6 月	18

说明:表中统计数据截止年份为 2022 年。

河南省教育厅主管的 6 所高等职业院校的办学主体历史演变情况见表 3-1-1。从表 3-1-1 可知,省教育厅主管的 6 所高等职业院校除郑州信息科技职业学院 1 所高等职业院校之外,另外 5 所高等职业院校在升格为高等职业院校之前,建校基础主体均为省部级乃至国家级重点中等专业学校或者成人高等学校,或者是省部级乃至国家级重点中等专业学校和成人高等学校"一套班子,两块牌子"合署办公。

河南省教育厅主管的 6 所高等职业院校的地区布局情况是,5 所(郑州铁路职业技术学院、河南化工职业学院、河南机电职业学院、郑州信息科技职业学院、河南经贸职业学院)位于河南省的省会郑州市,1 所(黄河水利职业技术学院)位于地级市的开封市。

河南省教育厅主管的 6 所高等职业院校的升格是以 2000 年 1 月 14 日国务院办公厅印发《国务院办公厅关于国务院授权省、自治区、直辖市人民政府审批设立高等职业学校有关问题的通知》(国办发〔2000〕3 号)为界,2 所原中央业务部门主管高等职业院校——郑州铁路职业技术学院、黄河水利职业技术学院在此之前已由教育部批准设置,另外 4 所高等职业院校在此之后由河南省人民政府批准设置。随后设置的 4 所高等职业院校具体是由河南省教育厅根据 2000 年 9 月 25 日河南省人民政府转发的《河南省人民政府批转省教育厅关于我省审批设置高等职业学校实施意见的通知》（豫政〔2000〕58 号）、2001 年 3 月 9 日河南省人民政府办公厅转发的《河南省人民政府办公厅转发省教育厅关于我省审批设置高等职业学校有关问题意见的通知》（豫政办〔2001〕12 号）等文件要求办理完成的。

第二节　省级教育厅局主管高等职业院校办学状况研究

高等职业院校办学状况，根据高等职业院校内部组织要素理论展开分析研究。

下面对省级教育厅局主管高等职业院校办学状况的分析，从作为信念要素的高等职业院校的办学目标定位和作为工作要素的专业设置两个方面予以展开。

一、信念要素：高等职业院校办学目标定位概况

根据各高等职业院校"高等职业教育质量年度报告（2016）"文本，本书将省级教育厅局主管高等职业院校的办学目标定位状况概括如下。

（一）高等职业院校本体办学目标定位概况

1. 办学理念概况

在河南省教育厅主管的 6 所高等职业院校中，4 所高等职业院校（黄河水利职业技术学院、河南化工职业学院、郑州信息科技职业学院、河南经贸职业学院）提出办学理念（教育理念、校企合作理念、可持续发展理念）、组织文化（校训或者学院精神、校风、教风、学风）等学校价值观。2 所高等职业院校（郑州铁路职业技术学院、河南机电职业学院）未作相关表述。

2. 专业大类定位特点

在 6 所省级教育厅局主管的高等职业院校中，有 3 所高等职业院校围绕传统优势专业确定远景目标：黄河水利职业技术学院强调"以水为主，以测为特，以工为基，文、经、管、艺多科相容"的专业大类定位，河南化工职业学院"以化工、机电、制药类专业为主要特色"，河南经贸职业学院力求"打造服务河南区域经济发展的财经商贸专业群、航空经济专业群等"，形成多专业大类协调发展的综合性职业学院，培养适应能力强、综合素质高的商科类人才；1 所高等职业院校（郑州信息科技职业学院）在办学使命中表述出"服务河南

地方社会经济发展"的综合性的专业大类定位;2所高等职业院校(郑州铁路职业技术学院、河南机电职业学院)未作相关表述。

3.服务对象定位特点

在6所省级教育厅局主管的高等职业院校中,有5所高等职业院校(郑州铁路职业技术学院、黄河水利职业技术学院、河南化工职业学院、郑州信息科技职业学院、河南经贸职业学院)提出立足河南甚至郑州,面向河南乃至全国,面向铁路或依托水利行业等地域性或行业性服务对象;1所高等职业院校(河南机电职业学院)未作相关表述。

4.办学特色定位特点

6所省级教育厅局主管的高等职业院校均未明确表述总体上的办学特色,但有2所高等职业院校表述了专业大类定位特色(黄河水利职业技术学院提出"以测为特",河南化工职业学院"以化工、机电、制药类专业为主要特色")。

(二)高等职业院校相对关系办学目标概况

1.地理范围美誉目标

在河南省教育厅主管的6所高等职业院校中,有3所高等职业院校在办学定位中确定空间范围和办学水平为"全国"的办学目标:1所高等职业院校(黄河水利职业技术学院)宣示在所属行业乃至全国处于"成为全国高职教育的领跑者,为中国水利高职教育的发展树立一面旗帜"的战略定位,但未提出进一步的远期目标;1所高等职业院校(郑州铁路职业技术学院)提出"创建特色鲜明、国内一流的高等职业院校"的办学目标;1所高等职业院校提出"努力创办'政府满意、企业满意、学生满意、社会满意'的全国一流高等职业院校"的办学目标(河南经贸职业学院2015年报告)。其余3所高等职业院校在办学定位中确定空间范围和办学水平为"省内"或者"省级"的办学目标:2所高等职业院校(河南化工职业学院、郑州信息科技职业学院)提出"成为河南省特色鲜明的一流高等职业院校"或者"围绕建设省级职业教育品牌示范学校的办学目标,打造省内一流高等职业院校"的发展目标,1所高等职业院校(河南机电职业学院)提出建设"成为我省现代制造业高技能人才成长的摇篮",展望"成为政府信任、企业欢迎、社会认可的技能培训品牌基地"。

2.社会声誉评级状况

根据各高等职业院校"高等职业教育质量年度报告(2016)"文本,以及当前高等职业教育发展政策,本书确定采用"国家示范性高等职业院校建设计划""中国特色高水平高职学校和专业建设计划"两个中央级政府项目和"河南省示范性高等职业院校建设计划""河南省职业教育品牌示范院校和特色院校建设计划"两个省级政府项目,概括省级教育厅局主管的高等职业院校的社会声誉评级状况。

(1)国家示范性高等职业院校建设计划

在国家级示范性高等职业院校建设计划中,河南省共有4所高等职业院校入选教育部、财政部2006—2008年"国家示范性高等职业院校建设计划"立项建设单位并通过验收,其中有1所河南省教育厅主管的高等职业院校(黄河水利职业技术学院)入选并完成建设;河南省共有3所高等职业院校入选教育部、财政部2010年"国家示范性高等职业院校建设计划"骨干高等职业院校立项建设单位并通过验收,其中有1所河南省教育厅主管的高等职业院校(郑州铁路职业技术学院)入选并完成建设。

两项合计,河南省教育厅主管的高等职业院校有2所入选国家示范性(骨干)高等职业院校建设计划,占河南省教育厅主管高等职业院校总数6所的33.33%,占河南省高等职业院校入选国家示范性(骨干)高等职业院校总数7所的28.57%,占本书选取的2015年河南省公办高等职业院校总数44所的4.55%。

(2)中国特色高水平高职学校和专业建设计划(简称"双高计划")

在中央决意建设一批"引领改革、支撑发展、中国特色、世界水平"的高等职业院校、专业群,带动实现职业教育高质量发展的"双高计划"实施中,河南省共有6所高等职业院校入选教育部、财政部2019年启动的每五年一轮的"中国特色高水平高职学校和专业建设计划"名单,其中1所高等职业院校入选为"双高计划"第一类即高水平学校建设单位(A档),该校即由河南省教育厅主管(黄河水利职业技术学院);5所高等职业院校入选为第三类即高水平专业群建设单位(B档),其中1所高等职业院校(郑州铁路职业技术学院)由河南省教育厅主管。

两项合计,河南省教育厅主管的高等职业院校有2所入选"双高计划"名单,占河南省教育厅主管高等职业院校总数6所的33.33%,占河南省高等职业院校入选"双高计划"名单总数6所的33.33%,占本书选取的2015年河南省公办高等职业院校总数44所的4.55%。

(3)河南省示范性高等职业院校建设计划

在河南省示范性高等职业院校建设计划中,12所高等职业院校入选2008

年"河南省示范性高等职业院校建设计划"立项建设单位并通过验收,其中有 2 所河南省教育厅主管的高等职业院校(郑州铁路职业技术学院、河南经贸职业学院)入选并完成建设;10 所高等职业院校入选河南省教育厅、河南省财政厅 2011 年"河南省骨干高等职业院校建设项目"立项建设单位并通过验收,其中有 2 所河南省教育厅主管的高等职业院校(郑州信息科技职业学院、河南化工职业学院)入选并完成建设。

两项合计,河南省教育厅主管的高等职业院校有 4 所入选河南省示范性(骨干)高等职业院校,占河南省教育厅主管高等职业院校总数 6 所的 66.67%,占河南省示范性(骨干)高等职业院校总数 22 所的 18.18%,占本书选取的 2015 年河南省公办高等职业院校总数 44 所的 9.09%。

(4)河南省职业教育品牌示范院校和特色院校建设计划

在河南省职业教育品牌示范院校和特色院校建设计划中,18 所高等职业院校入选河南省教育厅、河南省人力资源和社会保障厅、河南省财政厅、河南省发展和改革委员会联合设立的 2012—2014 年"河南省职业教育品牌示范院校和特色院校建设计划"中的品牌示范院校项目立项建设单位,其中有 4 所河南省教育厅主管的高等职业院校(河南化工职业学院、郑州信息科技职业学院、河南机电职业学院、河南经贸职业学院)入选;20 所高等职业院校入选 2012—2014 年"河南省职业教育品牌示范院校和特色院校建设计划"中的特色院校项目立项建设单位,其中有 2 所河南省教育厅主管的高等职业院校(黄河水利职业技术学院、郑州铁路职业技术学院)入选。

综上,在河南省职业教育品牌示范院校和特色院校建设计划中,38 所高等职业院校入选 2012—2014 年"河南省职业教育品牌示范院校和特色院校建设计划"立项建设单位,其中河南省教育厅主管的高等职业院校有 4 所入选为品牌示范院校项目立项建设单位,2 所入选为特色院校项目立项建设单位,两项合计 6 所,在"河南省职业教育品牌示范院校和特色院校建设行动计划"立项建设单位总数 38 所中所占百分比为 15.79%,占本书选取的 2015 年河南省公办高等职业院校总数 44 所的 13.64%。

二、工作要素:高等职业院校专业设置概况

根据各高等职业院校"高等职业教育质量年度报告(2016)"文本,从面向区域社会经济态势"针对性"(或称"适切性")地履行大学的社会服务职能和保障"差异化"(或称"多样性")专业优势增长办学质量与公平水平两

个方面,概括省级教育厅局主管的高等职业院校的专业结构状况。

(一)"针对性"特点

与本书选取的 2015 年份相对应,本书确定将河南省级政府制定出台的、在省域具有政治权威性保障的《河南省国民经济和社会发展第十二个五年规划纲要》作为河南省属高等职业院校进行专业定位和设置的社会经济政策依据。其中,《河南省国民经济和社会发展第十二个五年规划纲要》就河南省现代产业体系发展提出的目标任务和保障措施,是 6 所河南省教育厅主管高等职业院校进行"针对性"专业大类定位办学的产业政策具体依据。

针对当代世界科技发展趋势、河南省产业政策和高等职业院校长期服务的特定行业企业对高素质技术技能人才的需求,6 所河南省教育厅主管的高等职业院校结合服务面向的共同区域定位,挖掘和提升教育资源配置效果,确定与河南省作为全国第一人口大省的人力资源优势和河南省适龄人口接受高素质技术技能教育的强盛需求相互对接的专业大类总数,再从"总"到"分"建立各自的专业大类结构。

郑州铁路职业技术学院以铁道运输类、城轨交通运输类、医护类专业群为龙头,对接河南省轨道交通、铁路网络、铁路枢纽、运输通道等现代综合交通系统建设、健康服务业发展规划。

黄河水利职业技术学院"以水为主,以测为特,以工为基,文、经、管、艺多科相容"的专业格局,主要对接河南省现代化水利网络支持系统建设规划。

河南化工职业学院在河南高等职业院校中设置化工类专业最全、培养人才数量最多,对接河南省传统化工产业转型升级、生物医药等战略性新兴产业培育规划。

河南机电职业学院立足河南省机电和汽车行业,以装备制造类专业为基础的专业结构,对接河南省装备制造业传统优势主导产业发展规划。

郑州信息科技职业学院专业涵盖人文、艺术、理、工、管 5 大学科门类。

河南经贸职业学院以财经专业大类为主,电子信息、艺术设计传媒、文化教育、土建、交通运输、旅游、公共事业等多个专业大类协调发展的专业结构,对接河南省生活性服务业和生产性服务业发展规划。

(二)"差异化"特点

针对共同的服务面向对象区域,河南省教育厅主管的 6 所高等职业院校厘清和发挥各自的办学传统和资源优势,错位确定各自的专业特色定位,专业点数(开设同一种专业的高等职业院校数量)既在高等职业院校之间分化布局,控制教育资源配置的无序重复,又对照区域产业规划查漏补缺,达到彼此协同互补,全面衔接河南省现代产业体系规划发展的政策机遇,从"分"到"总"建立各自的专业结构。

郑州铁路职业技术学院 2015 年设置多科类 60 个专业,其中交通运输大类专业 18 个,占专业总数的 30%,主要面向铁路运输、城轨交通、民航运输业办学;医药卫生及食品药品类专业 12 个,占专业总数的 20%,主要面向医药卫生行业办学;装备制造及土木建筑类专业 9 个,占专业总数的 15%,主要面向现代制造业办学;电子信息类专业 9 个,占专业总数的 15%,主要面向电子行业办学;财经商贸、旅游、文化艺术类等其他专业 12 个,占专业总数的 20%。

黄河水利职业技术学院 2015 年设置 14 个专业大类 61 个专业,其中水利大类(14.95%)、土建大类(14.72%)、财经大类(14.23%)、制造大类(13.85%)、资源开发与测绘大类(12.09%)等 5 个专业大类的在校生规模排名靠前。

河南化工职业学院 2015 年设置涵盖化工、机械电子、经贸、信息技术、土建、医护 6 大领域 37 个高职专业。

河南机电职业学院 2015 年设置 30 多个专业。

郑州信息科技职业学院 2015 年共有 32 个专业。

河南经贸职业学院截至 2015 年 9 月设置了 54 个专业(含方向),财经大类专业 19 个,占专业(含方向)总数的 35.19%,财经大类在校生 10 365 人,占全部在校生总数(20 357 人)的 50.92%。

6 所河南省教育厅主管的高等职业院校的专业定位和设置分解对接河南省各类产业发展规划,各展所长培育和强化各自的特色专业,院校内专业结构主次优化资源共享,院校间总量抑制跨行业通用的计算机应用技术、会计电算化等低成本专业布点扩张的结构趋同走势,错位建设国家级、省级重点专业,实现横向专业设置差异化,引导河南省适龄教育人口分流形成合理的就业结构。

第四章

省级行业厅局主管高等职业院校办学状态研究

在教育部发布的《2015 年全国高等学校名单(截至 2015 年 5 月 21 日)》中,河南省 44 所独立设置的公办专科高等职业院校有 16 所隶属于河南省级政府所由组成的各行业厅局,占当年河南省公办高等职业院校总数的 36.36％。中央政府业务主管部门管理的高校由于主要是为本部门工作需要培养人才,所以被称为部门办学(纪宝成,2000:6)。相应地推论,省域的除去省级政府所由组成的教育厅局之外的省级政府,其他省级行业部门为省域本行业部门工作需要培养人才,接受对省域全面教育事务具有统辖职能的省级政府教育行政部门的综合政策指导和具体业务指导,属于省域层面的部门办学。省级政府非行政性质的其他国家机构办学视同于省域层面的部门办学。

下面对以上 16 所高等职业院校的举办主体、办学概况进行分析。

第一节　省级行业厅局主管高等职业院校举办主体研究

在政治学研究中,与单一制国家的中央政府相对应,地方政府由地方国家行政机关和地方国家立法机关两类机构组成(徐勇,高秉雄,2013)。由此可知,河南省政府不等于河南省人民政府,河南省政府由作为河南省级地方国家行政机关的河南省人民政府和作为河南省级地方国家立法机关的河南省人民代表大会两个部分组成,河南省人民政府只是河南省的省级地方国家行政机关。

根据《中共河南省委河南省人民政府关于印发河南省人民政府机构改革

实施意见的通知》(豫文〔2009〕18号),当下河南省人民政府设置工作部门42个,包括省政府办公厅和组成部门25个、直属特设机构1个、直属机构16个;设置9个部门管理机构,分别由省政府办公厅或省政府组成部门管理,其中河南省国防科学技术工业局是河南省政府设置的由省工业和信息化委员会管理的部门管理机构。河南省人民政府设置的工作部门和部门管理机构总数是51个。河南省高级人民法院和河南省人民检察院是省级地方审判机关和省级地方法律监督机关,不是河南省人民政府的工作部门。

河南省人民政府2000年9月25日印发的《河南省人民政府批转省教育厅关于我省审批设置高等职业学校实施意见的通知》(豫政〔2000〕58号)提出,省直部门和单位一般不单独创办高等职业院校,确有需要且有教育资源和办学经费的少数省直部门和行业可举办一所高等职业院校。河南省人民政府办公厅2001年3月9日印发的《河南省人民政府办公厅转发省教育厅关于我省审批设置高等职业学校有关问题意见的通知》(豫政办〔2001〕12号)进一步具体指出,省直部门可利用所属国家重点中专与本科院校(同城市,专业相同或相近)合作,以二级学院的形式联合举办高等职业院校,保持原行业所属学校的管理体制和投资渠道不变。河南省人民政府2003年6月11日印发的《河南省人民政府贯彻国务院关于大力推进职业教育改革与发展的决定的实施意见》(豫政〔2003〕18号)对前述文件中做出的相关限制性规定有所突破。该文件提出,有条件的行业主管部门在符合全省职业教育发展总体规划的前提下,可举办高等职业院校。综上可知,省级政府在行业部门举办高等职业院校问题上所持的是总体限制和审慎开放的态度,省级行业厅局举办高等职业院校数量将在较长时期维持原状而不再扩充。

河南省级行业厅局主管的16所高等职业院校的举办主体情况见表4-1-1。从表4-1-1可见,河南省属高等职业院校的举办主体,是在作为省政府组成部门之一,分工负责宏观管理全省各级各类教育事业、主管部分直属高等职业院校的河南省教育厅之外,另有包括13个省政府组成部门、1个省级部门管理机构、1个省级地方法律监督机关在内,一共15个非教育部门的省级行业厅局(权且列入省级地方法律监督机关)。

在举办和管理高等职业院校的15个省级行业厅局中(包含河南省人民检察院),唯有河南省工业和信息化委员会(2009年河南省政府机构改革时组建省政府组成部门河南省工业和信息化厅,2015年河南省政府职能转变和机构改革中重组为省政府组成部门河南省工业和信息化委员)主管2所高等职业院校,其余的 14 个省级行业厅局各自主管 1 所高等职业院校。综上,作为高等职业院校的非教育部门举办主体,河南省共有 15 个省级行业厅局(包含河南省人民检察院),在省政府工作部门和部门管理机构 51 个总数中的占比为27.45%（不含河南省人民检察院）。

表 4-1-1　省级行业厅局主管高等职业院校情况表

序号	高等职业院校名称	创校时间	升格基础（主体）名称	升格时间	高职年数	举办主体（行政主管部门）
1	河南职业技术学院	1954年12月	河南职业技术教育学院（1997年）、河南省技工学校	1999年3月改制	23	河南省人力资源和社会保障厅
2	河南工业和信息化职业学院	1975年7月	河南工程技术学校(河南省煤矿学校、焦作煤炭工业学校、河南煤炭工业学校,2002年联办河南理工大学高等职业学院)	2013年5月	9	河南省工业和信息化委员会
3	河南水利与环境职业学院	1955年9月	河南省郑州水利学校(河南省白马寺水利学校、河南省郑州水利学校,2002年联办华北水利水电学院水利职业学院)	2013年5月	9	河南省水利厅
4	河南信息统计职业学院	1951年	河南省计划统计学校(2001年联办郑州航院信息统计职业学院)	2013年5月	9	河南省统计局
5	河南林业职业学院	1951年4月	河南省林业学校(河南省洛阳农林中等技术学校、河南省洛阳林业学校、河南省洛阳林业专科学校,2002年联办河南科技大学林业职业学院)	2013年5月	9	河南省林业厅
6	河南建筑职业技术学院	1956年	河南省建筑工程学校(建筑工程部郑州建筑工程学校1956年成立)1998年与河南省建筑职工大学(河南省建筑红专大学1958年成立)合署,2002年举办高职	2008年3月改制	14	河南省住房和城乡建设厅
7	河南艺术职业学院	1956年	河南省艺术学校(1956年)、河南省电影电视学校(1979年)、河南省文化艺术干部学校(1956年)合并;2011年郑州广播电视学校(1984年建校,2001年联办中原工学院广播影视职业学院)并入	2010年3月	12	河南省文化和旅游厅

序号	高等职业院校名称	创校时间	升格基础(主体)名称	升格时间	高职年数	举办主体(行政主管部门)
8	河南护理职业学院	1951年	河南省卫生学校(1951年平原省安阳卫生学校、1961年安阳地区卫生学校、1983年濮阳市卫生学校、1986年河南省安阳卫生学校、2004年河南省卫生学校)	2011年4月	11	河南省卫生和计划生育委员会
9	河南推拿职业学院	1959年	河南省针灸推拿学校(2001年联办河南中医学院针灸推拿职业学院)	2011年5月	11	河南省民政厅
10	河南司法警官职业学院	1984年	河南省司法警官学校	2001年4月23日	21	河南省司法厅
11	河南工业职业技术学院	1973年10月	洛阳兵器工业职工大学、中原机械工业学校(1978年五三一机械工业学校更名)合并	2001年	21	河南省国防科学技术工业局
12	河南检察职业学院	1988年2月	河南省检察学校	2003年6月	19	河南省人民检察院
13	郑州工业安全职业学院	1978年	郑州煤炭高级技工学校、郑州矿务局职工大学合并	2004年6月	18	河南省工业和信息化委员会
14	河南交通职业技术学院	1953年	河南省交通学校(河南省交通厅干部训练班、河南交通运输学校、河南省交通学校、郑州交通专科学校、河南省交通职业学校)	2004年6月	18	河南省交通运输厅
15	河南农业职业学院	1952年10月	河南省农业学校(河南省郑州农林技术学校、河南省中牟农业学校、中牟农业专科学校、开封地区农业大学、河南省中牟农业学校、2001年联办河南农业大学农业职业学院);河南省农业经济学校并入	2004年6月	18	河南省农业农村厅
16	河南工业贸易职业学院	1950年	河南省经贸学校(1950年开封河南省财政厅粮食干部训练班、1953年郑州河南省粮食干部学校、1965年河南省粮食学校、1997年河南省经济贸易学校)	2005年4月	17	河南省粮食局

说明:表中统计数据截止年份为2022年。

省级行业厅局主管的 16 所高等职业院校,分布在包括河南省的省会郑州市在内的 5 个地级市,具体的分布情况为:郑州市 11 所,洛阳市 2 所,焦作市、安阳市、南阳市各有 1 所。郑州市是河南省的省会所在城市,有 11 个省级行业厅局在此一共设置 11 所高等职业院校,平均 1 个省级行业厅局在此主管 1 所高等职业院校;另外 4 个地级市有 5 个省级行业厅局各设置 1 所高等职业院校,其中洛阳市有 2 个省级行业厅局在此各设置 1 所高等职业院校,其余 3 个地级市各有 1 个省级行业厅局分别设置 1 所高等职业院校。

省级行业厅局主管的 16 所高等职业院校地区布局的具体情况如下。

郑州市(11 所):河南职业技术学院、河南水利与环境职业学院、河南信息统计职业学院、河南建筑职业技术学院、河南艺术职业学院、河南司法警官职业学院、河南检察职业学院、郑州工业安全职业学院、河南交通职业技术学院、河南农业职业学院、河南工业贸易职业学院等 11 所高等职业院校,分别对应隶属于河南省人力资源和社会保障厅、河南省水利厅、河南省统计局、河南省住房和城乡建设厅、河南省文化和旅游厅、河南省司法厅、河南省人民检察院、河南省工业和信息化委员会、河南省交通运输厅、河南省农业农村厅、河南省粮食局等 11 个省级行业厅局。

焦作市(1 所):河南工业和信息化职业学院,对应隶属于河南省工业和信息化委员会。

洛阳市(2 所):河南林业职业学院,隶属于河南省林业厅;河南推拿职业学院,隶属于河南省民政厅。

安阳市(1 所):河南护理职业学院,隶属于河南省卫生和计划生育委员会。

南阳市(1 所):河南工业职业技术学院,隶属于河南省国防科学技术工业局。

作为河南省唯一主管 2 所高等职业院校的省级行业厅局,河南省工业和信息化委员会除在河南省的省会城市郑州市设置郑州工业安全职业学院 1 所高等职业院校之外,主管的另外 1 所高等职业院校——河南工业和信息化职业学院设置在焦作市,即河南省工业和信息化委员主管的 2 所高等职业院校,地跨郑州市、焦作市两个地级市。

河南省级行业厅局主管的 16 所高等职业院校的升格时间情况是,以 2000 年 1 月 14 日国务院办公厅印发《国务院办公厅关于国务院授权省、自治区、直辖市人民政府审批设立高等职业学校有关问题的通知》(国办发〔2000〕3 号)为界,1 所由原河南省劳动厅(后改名为河南省劳动和社会保障厅,再后与河南省人事厅合并组建为河南省人力资源和社会保障厅)主管的高等职业院校——河南职业技术学院在此之前已由教育部批准设置,另外的15所高等职业院校均由河南省人民政府在此时间节点之后分批批准设置并报送教育部备案。

第二节　省级行业厅局主管高等职业院校办学状况研究

下面依据高等职业院校内部组织要素理论,沿用第三章的相应结构,从办学目标定位及其中的办学理念信念要素、专业设置工作要素等方面分析省级行业厅局主管高等职业院校的办学概况。

一、信念要素:高等职业院校办学目标定位概况

根据各高等职业院校"高等职业教育质量年度报告(2016)"文本,概括省级行业厅局主管的高等职业院校的办学目标定位状况。

(一)高等职业院校本体办学目标定位概况

1. 办学理念概况

在省级行业厅局主管的16所高等职业院校中,有8所高等职业院校(河南水利与环境职业学院、河南工业和信息化职业学院、河南信息统计职业学院、河南林业职业学院、河南建筑职业技术学院、河南推拿职业学院、河南检察职业学院、河南工业贸易职业学院)提出办学理念(办学指导思想、办学宗旨)、组织文化(校训、校风)等学校价值观;另外8所高等职业院校(河南职业技术学院、河南艺术职业学院、河南护理职业学院、河南司法警官职业学院、河南工业职业技术学院、郑州工业安全职业学院、河南交通职业技术学院、河南农业职业学院)未作出相关表述。

2. 专业大类定位特点

在省级行业厅局主管的16所高等职业院校中,5所高等职业院校围绕传统专业确定专业大类定位,突显特色专业在学校发展战略中的重要地位:河南水利与环境职业学院以水利类、环境类专业为主体,建筑类、电子信息类和经济服务类专业协调发展;河南林业职业学院以农林类专业为主,注重其他学科专业综合性协调发展;河南建筑职业技术学院以土建类专业为龙头,以建设类专业为主体,管理、经济类等多专业交叉渗透、稳步发展;河南艺术职业学院重视文化艺术类专业之间的协调发展;河南护理职业学院以护理教育为主,兼顾医学技术类和药学类教育。4所高等职业院校通过对院校的行业

属性表述表明总的专业大类定位,但未进一步表述具体的专业大类定位:河南司法警官职业学院是警察类高等职业院校,河南交通职业技术学院是交通类高等专科学校,河南农业职业学院是农业类高等职业院校,河南工业贸易职业学院是全省唯一一所粮食行业高职学院。其余7所高等职业院校(河南职业技术学院、河南工业和信息化职业学院、河南信息统计职业学院、河南推拿职业学院、河南工业职业技术学院、河南检察职业学院、郑州工业安全职业学院)未描述专业大类定位。

3.服务对象定位特点

在省级行业厅局主管的16所高等职业院校中,除去4所高等职业院校(河南职业技术学院、河南司法警官职业学院、河南农业职业学院、郑州工业安全职业学院)对办学服务对象定位未作任何表述之外,其余12所高等职业院校在办学服务对象定位上的具体表现如下。

1所高等职业院校(河南护理职业学院)基于既有办学活动,提出"走向世界"办学,另外11所高等职业院校没有提出同样的办学服务对象定位。

8所高等职业院校(河南信息统计职业学院、河南建筑职业技术学院、河南艺术职业学院、河南护理职业学院、河南推拿职业学院、河南工业职业技术学院、河南检察职业学院、河南工业贸易职业学院)提出面向或者辐射全国办学,另外4所高等职业院校(河南工业和信息化职业学院、河南水利与环境职业学院、河南林业职业学院、河南交通职业技术学院)未提出面向或者辐射全国办学。

12所高等职业院校(河南工业和信息化职业学院、河南水利与环境职业学院、河南信息统计职业学院、河南林业职业学院、河南建筑职业技术学院、河南艺术职业学院、河南护理职业学院、河南推拿职业学院、河南工业职业技术学院、河南检察职业学院、河南交通职业技术学院、河南工业贸易职业学院)都提出立足河南(中原地区、区域、中部)办学。

9所高等职业院校(河南工业和信息化职业学院、河南水利与环境职业学院、河南信息统计职业学院、河南建筑职业技术学院、河南艺术职业学院、河南工业职业技术学院、河南检察职业学院、河南交通职业技术学院、河南工业贸易职业学院)在办学服务对象定位中提出立足学院所属工业、水利、统计、建筑、文化、军工、检察、交通、粮食行业办学,另有3所高等职业院校(河南林业职业学院、河南护理职业学院、河南推拿职业学院)未提出面向学院所属行业办学,但提出其他的服务对象定位。

综合而言,在省级行业厅局主管的16所高等职业院校的办学服务对象定位中,除去4所高等职业院校(河南职业技术学院、河南司法警官职业学院、河南农业职业学院、郑州工业安全职业学院)对办学服务对象定位未作任何表述之外,其余的12所高等职业院校在办学服务对象定位上,有1所高等职业院校(河南林业职业学院)确定单一的服务对象定位,既未提出面向或者辐射全国办学,也未提出面向行业办学,只是提出面向区域办学;有1所高等职业院校(河南护理职业学院)除提出面向河南和全国办学之外,还基于既有办学活动,提出"走向世界"办学;其余10所高等职业院校也都有多元的办学服务对象定位。

4. 办学特色定位特点

在省级行业厅局主管的16所高等职业院校中,有5所高等职业院校表述办学特色,其中1所高等职业院校(河南信息统计职业学院)将办学特色作为自身总体特点,提出"建设独具特色的高职学院";另有3所高等职业院校把办学特色作为办学定位的一个支撑点,提出"建成以工科为主体、办学特色鲜明、省内一流的高等职业院校"(河南水利与环境职业学院),或者建成"规模适度、特色鲜明、人才培养质量较高、办学声誉良好、具有较强竞争力的高等职业学院"(河南林业职业学院),或者提出建成"规模适度、结构合理、特色鲜明、核心竞争力较强、教学质量和管理水平较高的省级示范高等职业院校",并具体表述专业特色和教学特色两种特色定位:专业特色是"植根粮食产业,培养双高人才",教学特色是"围绕职业标准,实行先学后讲,先做后教"的教学模式(河南工业贸易职业学院);其余11所高等职业院校未作相关表述。

在省级行业厅局主管的16所高等职业院校中,有4所高等职业院校(河南司法警官职业学院、河南检察职业学院、河南农业职业学院、河南护理职业学院)未描述办学目标,其余12所高等职业院校在目标定位上,有4所高等职业院校表述出"教育层次"意义上的目标定位:3所高等职业院校将办学目标定位于提高教育层次,提出做好应用技术型本科教育试点的"一个目标",或者"力争实现举办应用型本科教育的目标",或者"与本科院校合作开展全日制应用型本科试点"(河南职业技术学院、河南林业职业学院、河南工业职业技术学院);1所高等职业院校(河南护理职业学院)在办学定位表述中提到"只有提升我们教育教学的国际化水平,才能推动学院建设向更高层次发展",显然此处"层次"并非完全表征专科、本科的教育层次意义;其余8所高等职业院校未作相关表述。

（二）高等职业院校相对关系办学目标概况

1. 地理范围美誉目标

在省级行业厅局主管的 16 所高等职业院校中，有 4 所高等职业院校（河南司法警官职业学院、河南检察职业学院、河南农业职业学院、河南护理职业学院）未描述办学目标，其余 12 所高等职业院校在目标定位上的总体特点表述如下。

4 所高等职业院校在办学定位中确定空间范围和办学水平为"全国"的办学目标：1 所高等职业院校（河南建筑职业技术学院）提出"建设成为全国建设行业知名并在全省高等职业院校中起带头作用的省级品牌示范高职学院"；1 所高等职业院校（郑州工业安全职业学院）提出"创建国内一流的职业学院"；1 所高等职业院校（河南交通职业技术学院）提出"创建省内一流、国内知名的高等职业院校"；1 所高等职业院校（河南艺术职业学院）提出"规模适度，结构合理，设施先进，特色鲜明，在全国范围内有一定影响力的文化艺术类高等职业院校"的办学目标。其余 8 所高等职业院校未作相关表述。

7 所高等职业院校确定空间范围和办学水平为"省内"或者"省级"的办学目标：1 所高等职业院校（河南水利与环境职业学院）确定综合而宏大的办学目标，提出"建成省内一流的高等职业院校"；4 所高等职业院校（河南工业和信息化职业学院、河南林业职业学院、河南推拿职业学院、河南工业贸易职业学院）结合河南省实施的"河南省示范性高等职业院校建设计划"和"河南省职业教育品牌示范院校和特色院校建设行动计划"确定办学目标，提出"创建河南省职业教育特色院校"，或者"争创省示范性高等职业院校"，或者"打造河南职教品牌"，或者"规模适度、结构合理、特色鲜明、核心竞争力较强、教学质量和管理水平较高的省级示范高等职业院校"；另有 2 所高等职业院校（河南建筑职业技术学院、河南交通职业技术学院）意识到"省级（省内）"与"全国（国内）"办学目标之间的递进联系，在办学定位中兼顾"省级（省内）"与"全国（国内）"两者的关联，提出空间范围和办学水平为"建设成为全国建设行业知名并在全省高等职业院校中起带头作用的省级品牌示范高职学院"，或者"创建省内一流、国内知名的高等职业院校"的办学目标。其余 5 所高等职业院校未作相关表述。

2. 社会声誉评级状况

根据各高等职业院校"高等职业教育质量年度报告（2016）"文本以及当前高等职业教育发展政策状况，确定采用"国家示范性高等职业院校建设计划""中国特色高水平高职学校和专业建设计划"两个中央级政府项目和"河南省示范性高等职业院校建设计划""河南省职业教育品牌示范院校和特色院校建设计划"两个省级政府项目概括省级行业厅局主管的高等职业院校的社会声誉评级状况。

（1）国家示范性高等职业院校建设计划

在国家示范性高等职业院校建设计划中，河南省有1所省级行业厅局主管的高等职业院校（河南职业技术学院）入选教育部、财政部2006—2008年"国家示范性高等职业院校建设计划"立项建设单位并完成建设通过验收；有2所省级行业厅局主管的高等职业院校（河南农业职业学院、河南工业职业技术学院）入选教育部、财政部2010年"国家示范性高等职业院校建设计划"骨干高等职业院校立项建设单位并通过验收。

两项合计，省级行业厅局主管的高等职业院校一共有3所入选国家示范性（骨干）高等职业院校，占省级行业厅局主管的高等职业院校总数16所的18.75%，占河南省高等职业院校入选国家示范性（骨干）高等职业院校总数7所的42.86%，占本书选取的2015年河南省公办高等职业院校总数44所的6.82%。

（2）中国特色高水平高职学校和专业建设计划（简称"双高计划"）

在"双高计划"实施中，河南省有6所高等职业院校入选教育部、财政部2019年启动的"中国特色高水平高职学校和专业建设计划"名单，其中3所省级行业厅局主管的高等职业院校入选为第三类即高水平专业群建设单位（B档），即河南工业职业技术学院、河南农业职业学院、河南职业技术学院。

综合而言，河南省级行业厅局主管的高等职业院校有3所入选"双高计划"名单，占河南省级行业厅局主管的高等职业院校总数16所的18.75%，占河南省高等职业院校入选"双高计划"名单总数6所的50.00%，占本书选取的2015年河南省公办高等职业院校总数44所的6.82%。

（3）河南省示范性高等职业院校建设计划

在2008年"河南省示范性高等职业院校建设计划"遴选的12所河南省示范性高等职业院校立项建设单位中，有4所省级行业厅局主管的高等职业院校（河南职业技术学院、河南工业职业技术学院、河南农业职业学院、河南交通职业技术学院）入选并完成建设；在河南省教育厅、省财政厅 2011 年"河南省骨干高等职业院校建设项目"10 所立项建设单位中，有 1 所省级行业厅局主管的高等职业院校（河南建筑职业技术学院）入选并完成建设。

两项合计，省级行业厅局主管的高等职业院校有 5 所入选河南省示范性（骨干）高等职业院校，占省级行业厅局主管的高等职业院校总数 16 所的 31.25%，占河南省示范性（骨干）高等职业院校总数 22 所的 22.73%，占本书选取的 2015 年河南省公办高等职业院校总数 44 所的 11.36%。

（4）河南省职业教育品牌示范院校和特色院校建设计划

在河南省职业教育品牌示范院校和特色院校建设计划中，河南省 18 所高等职业院校入选河南省教育厅、河南省人力资源和社会保障厅、河南省财政厅、河南省发展和改革委员会联合设立的 2012—2014 年"河南省职业教育品牌示范院校和特色院校建设计划"中的品牌示范院校项目立项建设单位，其中有 2 所省级行业厅局主管的高等职业院校（河南建筑职业技术学院、河南交通职业技术学院）入选；河南省 20 所高等职业院校入选 2012—2014 年"河南省职业教育品牌示范院校和特色院校建设行动计划"中的特色院校项目立项建设单位，其中有 8 所省级行业厅局主管的高等职业院校（河南职业技术学院、河南工业和信息化职业学院、河南护理职业学院、河南推拿职业学院、河南工业职业技术学院、河南检察职业学院、河南农业职业学院、河南工业贸易职业学院）入选。

综上，在河南省职业教育品牌示范院校和特色院校建设计划中，省级行业厅局主管的高等职业院校有 2 所入选为品牌示范院校项目立项建设单位，8 所入选为特色院校项目立项建设单位，两项合计一共有 10 所，占省级行业厅局主管的高等职业院校总数 16 所的 62.50%，占"河南省职业教育品牌示范院校和特色院校建设计划"立项建设单位总数 38 所的 26.32%，占本书选取的 2015 年河南省公办高等职业院校总数 44 所的 22.73%。

二、工作要素：高等职业院校专业设置概况

根据各高等职业院校"高等职业教育质量年度报告（2016）"文本，本书从面向区域社会经济态势"针对性"地履行大学的社会服务职能和保障"差异化"专业优势增长办学质量与公平水平两个方面，概括省级行业厅局主管的高等职业院校的专业结构状况。

(一)"针对性"特点

与省级教育厅局主管的高等职业院校同样,本部分主要以《河南省国民经济和社会发展第十二个五年规划纲要》作为河南省产业政策依据,考察省级行业厅局主管的高等职业院校设置的专业大类总数与省域产业发展规划文本对接所形成专业结构的"针对性"状况。在省级行业厅局主管的16所高等职业院校中,有11所高等职业院校按照与省域产业发展规划文本对接的要求设计总体专业结构,具体情况如下。

河南工业和信息化职业学院围绕中原经济区、国家粮食生产核心区、郑州航空港综合实验区的建设规划及河南省先进制造业的发展要求,形成以工科为主的专业群布局。

河南水利与环境职业学院着眼于为水利行业及有关行业发展和区域生态文明建设的需求服务,构建以满足区域水利建设与管理、环境保护与治理人才需要为主线的专业体系。

河南信息统计职业学院适应统计行业改革和河南经济社会发展的需要,基本形成"财经商贸专业群"和"电子信息专业群"2个特色专业群。

河南建筑职业技术学院初步建立建筑工程技术、建筑工程管理和建筑装饰工程专业群,形成与建筑产业相关的多个专业相辅相成、和谐发展的专业格局。

河南艺术职业学院抓住河南省实施文化强省战略的发展机会,围绕传统艺术和新兴艺术产业设置专业。

河南推拿职业学院专业布局以医药卫生大类为主体、公共事业大类为补充,从整体上形成服务于民众健康的专业群。

河南司法警官职业学院形成"法学为主,文理兼顾,协调发展"的专业体系。

河南工业职业技术学院针对河南军工装备制造基地、河南先进装备制造基地、河南新能源汽车制造与服务基地、中原电气谷、洛阳动力谷、南阳市国家光电产品研发生产基地等支柱产业、新兴产业对高技能人才的需求,形成以工科专业为主体,以机、电、土木类专业为重点,以军工专业为特色,工、管、经、文协调发展的专业结构体系,实现专业设置与产业需求的对接。

河南交通职业技术学院形成以交通运输类专业为主,建筑类、机电类等工科专业并存,经济、管理等其他专业为辅的专业结构。

河南农业职业学院坚持"以农为本,突出特色,适度发展二、三产业"的专业建设思路,形成鲜明的农业职业教育特色。

河南工业贸易职业学院初步形成以粮食类专业为龙头,工、贸协调发展,具有粮食行业特色的专业群体。

在省级行业厅局主管的 16 所高等职业院校中,另外的 5 所高等职业院校(河南职业技术学院、河南林业职业学院、河南护理职业学院、河南检察职业学院、郑州工业安全职业学院)未表述总体专业结构。

(二)"差异化"特点

省级行业厅局主管的 16 所高等职业院校厘清办学传统和行业资源优势,确定各自的服务面向对象范围及针对的人才需求结构,做出各自的专业特色定位,使专业点数(开设同一种专业的高等职业院校数量)既在高等职业院校之间分化布局,又由高等职业院校整体上协同互补,在专业设置上体现产教融合。

河南职业技术学院开设 61 个专业。

河南工业和信息化职业学院设置专业 22 个,涵盖资源环境与安全、装备制造、土木建筑、电子信息、财经商贸、文化教育 6 大专业门类,煤炭类专业作为优势专业在煤炭行业享有盛誉。

河南水利与环境职业学院开设有水利工程、水环境监测与保护等 18 个专业。

河南信息统计职业学院开设 22 个专业,其中会计与统计核算、计算机应用技术等 4 个专业为省级重点专业。

河南林业职业学院目前开设 26 个高职专业,园林技术、计算机网络技术、计算机平面设计为特色、重点专业。

河南建筑职业技术学院开设 33 个高职专业及 6 个专业方向,其中土木建筑大类专业 22 个,占 67%,包括建筑设计类 4 个、城乡规划与管理类 1 个、土建施工类 4 个、建筑设备类 5 个、建筑工程管理类 4 个、市政工程类 2 个、房地产类 2 个,为建筑设计、施工、设备及管理等方向培养技术技能型人才。建筑工程技术、工程造价、建筑装饰工程技术等 6 个专业作为基础核心专业进行重点建设。

河南艺术职业学院开设 31 个专业,艺术类专业为主干专业,占专业总数的 69%。

河南护理职业学院 2015 年开设有护理、助产、药学、医学检验技术、医学影像技术、康复治疗技术、口腔医学技术、医学营养、老年服务与管理等 9 个高职专业。

河南推拿职业学院现有专业 5 个,其中包括针灸推拿(临床医学)、康复治疗技术、护理 3 个医学相关专业,老年服务与管理、社区康复 2 个公共事业类专业,针灸推拿(临床医学)专业为中央财政支持专业和河南省特色专业。

河南司法警官职业学院开设 18 个专业(含专业方向),刑事执行和法律事务专业为学院骨干专业、重点专业,法律事务(社区矫正)、司法鉴定技术、警察管理专业为学院特色专业,刑事执行专业为省级教学改革试点专业。刑事执行、法律事务(社区矫正)专业是中央财政支持专业。

河南工业职业技术学院目前共有 60 个专业及专业方向,其中制造、电子信息、土建三个大类专业数量较多,制造大类专业 18 个,占专业总数 30%;电子信息大类专业 14 个,占专业总数 22%;土建大类专业 11 个,占专业总数 18%。数控技术、建筑装饰工程技术、电气自动化、物流管理、精密机械技术、计算机网络技术、楼宇智能化工程技术 7 个专业为河南省特色专业;建筑工程技术专业、机械设计与制造专业为中央财政支持专业;机电一体化技术、汽车检测与维修技术、商务英语、会计电算化、计算机控制技、电子商务、光电制造技术 7 个专业为河南省"专业综合改革试点"。

河南检察职业学院开设 10 个专业,检察事务专业为河南省特色专业及综合改革试点专业、中央财政支持专业。

郑州工业安全职业学院开设 22 个专业,其中煤矿类专业为主体,为河南全省煤炭工业安全做出贡献。

河南交通职业技术学院开设 45 个专业和专业方向,交通类专业占专业总数的 80%以上,其中汽车运用技术、道路桥梁工程技术和物流管理 3 个专业为河南省教学改革试点专业和河南省特色专业。

河南农业职业学院开设 55 个专业,重点加强畜牧兽医、食品加工技术、种子生产与经营、园艺技术、园林技术、食品营养与检测、兽医等涉农专业建设。

河南工业贸易职业学院开设 56 个专业(含方向),建有 1 个中央财政支持专业(粮食工程)、2 个省级特色专业(粮食工程、汽车检查与维修技术)、2 个省"专业综合改革试点"项目(粮食工程、物流管理)。

第五章

地级市政府举办高等职业院校
办学状态研究

在教育部发布的《2015 年全国高等学校名单(截至 2015 年 5 月 21 日)》中,河南省 44 所独立设置的公办专科高等职业院校有 20 所隶属于河南各地级市政府,占当年河南省公办高等职业院校总数的 45.45%,在四种行政隶属关系的高等职业院校中占比最高。下面对地级市政府举办高等职业院校的举办主体、当前办学概况进行分析研究。

第一节　地级市政府举办高等职业院校举办主体研究

地级市政府举办 20 所高等职业院校的举办主体情况见表 5-1-1。

中共河南省委、河南省人民政府 1999 年 10 月 12 日印发的《中共河南省委、河南省人民政府关于贯彻〈中共中央、国务院关于深化教育改革全面推进素质教育的决定〉的实施意见》、河南省人民政府 2000 年 9 月 25 日印发的《河南省人民政府批转省教育厅关于我省审批设置高等职业学校实施意见的通知》(豫政〔2000〕58 号)提出,按照省管本科、市管专科的原则划分省、市两级政府的高等教育举办权,高等职业院校以省辖市举办为主,每个省辖市都要办好 1 所由市财政供给的高等职业院校或多科性的高等专科学校主要为本市地服务。根据河南省人民政府办公厅 2001 年 3 月 9 日在《河南省人民政府办公厅转发省教育厅关于我省审批设置高等职业学校有关问题意见的通知》(豫政办〔2001〕12 号)中提出的意见,市属学校可合并省级财政供给的教育资源,采取省市共建、以市为主的举办体制举办高等职业教育。省级政府用剥离部分省属教育资源的实际行动,支持省辖市起步发展高等职业教育。河南省人民政府 2003 年 6 月 11 日印发的《河南省人民政府贯彻国务院关于大力推进职业教育改革与发展的决定的实施意见》(豫政〔2003〕18 号)、河南省人民政府 2006 年 4 月 19 日印发的《河南省人民政府贯彻国务院关于大力发展职业教育的决定的实施意见》(豫政〔2006〕20 号)一再重申,每个省辖市都要创造条件重点建设 1 所高等职业院校,构建前述豫政〔2003〕18 号文件提出的"在省政府领导下,分级管理、以省辖市为主、政府统筹、社会参与的职业教育管理体制"。2008 年 12 月 5 日,河南省人民政府印发的《河南省人民政府关于实施职业教育攻坚计划的决定》(豫政〔2008〕64 号)进一步提出,每个省辖市要重点办好 2 至 3 所示范性职业院校。综上可知,河南省政府要求地级市政府承担举办和管理高等职业教育的主要责任,屡次提出具体措施,倡导和支持地级市政府举办高等职业院校,在河南形成中央、省、地方中心城市三级政府办学的省域高等职业教育举办体制。

表 5-1-1　地级市政府举办高等职业院校情况表

序号	高等职业院校名称	创校时间	升格基础(主体)名称	升格时间	高职年数	举办主体
1	漯河职业技术学院	1983 年	漯河市职工大学(1983 年);1999 年 7 月漯河大学并入(1993 年 3 月漯河市第一职业高中、漯河广播电视大学、漯河市工业学校并入);2001 年 1 月河南省乡镇企业成人中等专业学校并入;2002 年 5 月河南省漯河艺术师范学校并入	1999 年 3 月	23	漯河市人民政府
2	三门峡职业技术学院	1946 年	豫西师范学校(教育机构,建于 1946 年)、三门峡电大(教育资源,1979 年开办)合并	1999 年 7 月	23	三门峡市人民政府
3	郑州财税金融职业学院	1985 年	郑州市财税学校	2013 年 5 月	9	郑州市人民政府(郑州市教育局)
4	郑州旅游职业学院	1985 年	郑州旅游学校(1985 年郑州市 23 中、郑州市旅游职业高中、1987 年郑州旅游职业中专、1988 年郑州旅游学校、2000 年郑州职业教育中心学校)	2004 年 6 月	18	郑州市人民政府(郑州市教育局)
5	郑州职业技术学院	1976 年 3 月	郑州市机电学校	2004 年 6 月	18	郑州市人民政府(郑州市教育局)

续表

序号	高等职业院校名称	创校时间	升格基础(主体)名称	升格时间	高职年数	举办主体
6	安阳职业技术学院	1958年	安钢职工大学;2010年安阳广播电视大学、安阳市中医药学校整体并入	2009年4月	13	安阳市人民政府
7	新乡职业技术学院	1975年	2008年新乡市纺织职工大学改制;依托新乡市技师学院资源;整合河南省新乡商业学校、新乡市机电工程学校、新乡市体育运动学校、新乡市粮食成人中等专业学校等12所职业学校;新乡幼儿师范学校并入	2009年4月	13	新乡市人民政府
8	驻马店职业技术学院	1958年	驻马店广播电视大学、驻马店教育学院、驻马店农业学校、驻马店财税学校、驻马店文化艺术学校、汝南园林学校、驻马店市财税职工中等专业学校、驻马店电子工程学校合并	2009年4月	13	驻马店市人民政府
9	开封文化艺术职业学院	1952年	2010年3月开封市职工业余大学、河南省广播电视大学(开封分校)合并;2014年9月开封教育学院并入	2010年3月	12	开封市人民政府
10	许昌电气职业学院	1958年	许昌技师学院、许昌广播电视大学、许昌市水利技工学校、许昌市粮食职业中专合并	2011年5月	11	许昌市人民政府
11	许昌职业技术学院	1985年	许昌教育学院、许昌财政税务学校、许昌机电工程学校、许昌师范学校合并	2001年	21	许昌市人民政府
12	洛阳职业技术学院	1959年	洛阳市职工科学技术学院、洛阳市卫生学校、洛阳市总工会技工学校、洛阳高级技工学校合并	2011年5月	11	洛阳市人民政府
13	南阳农业职业学院	1951年	南阳农业学校	2013年5月	9	南阳市人民政府
14	濮阳职业技术学院	1950年3月	2001年濮阳教育学院、濮阳工业学校、濮阳师范学校、濮阳广播电视大学(资源)合并	2001年4月	21	濮阳市人民政府
15	商丘职业技术学院	1950年	2001年商丘市财经学校、商丘市农业学校、商丘广播电视大学(资源)合并;2003年商丘财税学校、商丘市工业学校、商丘商业学校、商丘市体育运动学校、商丘文化艺术学校并入	2001年	21	商丘市人民政府

序号	高等职业院校名称	创校时间	升格基础(主体)名称	升格时间	高职年数	举办主体
16	周口职业技术学院	1958年	2001年周口市农业学校、沈丘师范学校、周口市艺术学校、河南省广播电视大学(周口市分校资源)、西华师范学校合并;2013年周口卫生学校并入	2001年4月23日	21	周口市人民政府
17	济源职业技术学院	1993年	济源市中等工业学校、济源市文化艺术学校(河南省艺术学校济源分校);1998年河南广播电视大学(济源工作站)并入(合署);济源市工业学校并入	2001年4月	21	济源市人民政府
18	鹤壁职业技术学院	1974年	2001年鹤壁教育学院、鹤壁中等专业学校、鹤壁师范学校、鹤壁广播电视大学(资源)合并;2003年鹤壁机电中等专业学校、鹤壁市成人培训学校并入;2011年鹤壁市体育运动学校并入	2001年4月23日	21	鹤壁市人民政府
19	河南质量工程职业学院	1996年	河南省质量工程学校、平顶山广播电视大学(资源)	2003年11月	19	平顶山市人民政府
20	信阳职业技术学院	1903年	2004年信阳教育学院、信阳师范学校、信阳卫生学校、信阳商业学校合并	2004年6月	18	信阳市人民政府

说明:表中统计数据截止年份为2022年。

截至2015年底,河南省下辖17个地级市、1个省直辖县级行政单位。按照中共河南省委办公厅、河南省人民政府办公厅2004年8月18日印发的《中共河南省委办公厅、省政府办公厅关于规范各省辖市排列顺序的通知》(厅文〔2004〕64号)所作规范、统一的排列顺序规定,河南省直辖行政区划单位包括郑州市、开封市、洛阳市、平顶山市、安阳市、鹤壁市、新乡市、焦作市、濮阳市、许昌市、漯河市、三门峡市、南阳市、商丘市、信阳市、周口市、驻马店市、济源市,其中济源市为省直辖县级行政区划单位(行政级别被定为副地级市),其余17个均为地级市(包括河南省的省会郑州市)。

表5-1-1显示,地级市(包括1个副地级市)举办高等职业院校共20所,其中,除郑州市人民政府举办3所高等职业院校(郑州财税金融职业学院、郑州旅游职业学院、郑州职业技术学院),地级市许昌市人民政府举办2所高等职业院校(许昌电气职业学院、许昌职业技术学院),地级市焦作市人民政府没有举办高等职业院校之外,河南省的其他14个地级市、1个副地级市各自举办1所高等职业院校。

　　地级市举办高等职业院校的行政级别一般确定为副地厅级,实行"省市共管,以市为主"的管理体制,高等职业院校的院校长和院校党委书记两个校级正职管理干部作为副地厅级省管干部由省委、省政府考核任免,教育教学由省级教育厅局进行业务指导;高等职业院校与举办主体——地级市(包括副地级市)政府是行政隶属关系,人(包括副校级及中低层级别管理干部和普通教职工)、财、物由所属地级市政府提供和控制。作为地级市人民政府组成部门的地级市教育局,行政级别一般确定为正处级,比本地政府举办的副地厅级高等职业院校低半个行政规格,故而一般没有直接领导和管理本地政府举办的高等职业院校的行政权力,但在获得地级市人民政府的特定事项授权后,有权就授权事项对本地政府举办的高等职业院校进行协调和督促,对授权范围之外的事项不具有行政干预权,故而对本地政府举办的高等职业院校一般不具有强制性的行政管理权。地级市政府举办的高等职业院校有权自主决定选择性地参加地级市教育局组织的教育教学活动。综合而言,地级市举办高等职业院校体制兼有"省管"和"市管"双重特点。地级市举办高等职业院校的"省管"体制特点表现为院校长和党委书记两个校级正职管理干部的刚性"省管",以及省级教育厅局对教育教学业务的柔性指导;"市管"体制特点表现为受具有行政隶属关系的地级市人民政府的制约较大,受地级市教育局的业务指导影响最弱乃至实近于无。

　　河南省域地级市政府举办的 20 所高等职业院校的升格时间情况是,以 2000 年 1 月 14 日国务院办公厅印发《国务院办公厅关于国务院授权省、自治区、直辖市人民政府审批设立高等职业学校有关问题的通知》(国办发〔2000〕3 号)为界,2 所高等职业院校(漯河职业技术学院、三门峡职业技术学院)在此之前已由教育部批准设置,另外的 18 所高等职业院校均由河南省人民政府在此时间节点之后分批批准设置并报送教育部备案。

第二节　地级市政府举办高等职业院校办学状况研究

　　下面依据高等职业院校内部组织要素理论,套用第三章的结构,从办学目标定位及其中的办学理念信念要素、专业设置工作要素两个方面分析地级市政府举办高等职业院校的基本概况。

一、信念要素:高等职业院校办学目标定位概况

　　根据各高等职业院校"高等职业教育质量年度报告(2016)"文本,概括

地级市政府举办高等职业院校的办学目标定位状况。

（一）高等职业院校本体办学目标定位概况

1. 办学理念概况

在地级市政府举办的 20 所高等职业院校中，5 所高等职业院校（漯河职业技术学院、三门峡职业技术学院、安阳职业技术学院、新乡职业技术学院、河南质量工程职业学院）未提出各自的办学理念，在地级市政府举办的高等职业院校 20 所总数中占比 25%；其余 15 所高等职业院校均作出完整表述，在地级市政府举办的高等职业院校 20 所总数中占比 75%。

在地级市政府举办的 20 所高等职业院校中，8 所高等职业院校（漯河职业技术学院、三门峡职业技术学院、郑州旅游职业学院、新乡职业技术学院、许昌职业技术学院、南阳农业职业学院、商丘职业技术学院、信阳职业技术学院）未提出代表组织文化的校训、校风、教风、学风、学校精神、使命等核心价值观，在地级市政府举办的高等职业院校 20 所总数中占比 40%；其余 12 所高等职业院校均从不同方面作出表述，在地级市政府举办高等职业院校 20 所总数中占比 60%。

2. 专业大类定位特点

在地级市政府举办的 20 所高等职业院校中，有 4 所高等职业院校（漯河职业技术学院、驻马店职业技术学院、开封文化艺术职业学院、许昌电气职业学院）未概括表述专业总体结构定位，其余 16 所高等职业院校均结合所在城市或者区域经济社会发展需求，确定各自的专业总体结构定位。

三门峡职业技术学院面向与区域经济社会发展密切相关的支柱产业设置专业，涉及农林牧渔、生化与药品、材料与能源、资源开发与测绘、轻纺食品、电子信息、土建、制造、财经、旅游、文化教育、艺术设计和医学护理 13 个专业大类。

郑州财税金融职业学院办学类型定位为以会计专业为龙头（基础）、金融税务专业为重点，物流、电商、商贸、信息等多学科协调发展的应用型财经类高等职业学校，表明该校的专业大类定位。

郑州旅游职业学院专业设置与旅游产业实际全面对接，以旅游管理类、酒店经营与管理类和旅游英语、旅游日语等旅游类专业为主，旅游类专业横向覆盖旅游全行业，纵向覆盖旅游全过程，并逐步延伸到计算机类、电子信息类和航空经济、物流管理等专业。

郑州职业技术学院基本形成具有机械、电气、生物、管理、交通、传媒、建筑等门类的专业体系。

安阳职业技术学院结合河南省及安阳市产业结构调整和重点发展装备制造业、汽车服务业、现代农业、新能源产业、物流配送及新型服务业等优势产业的需求，截至2013年设置专业涵盖生化与药品、材料与能源、土建、制造、电子信息、医药卫生、艺术设计传媒7个专业大类，初步形成以护理专业为核心的医药卫生专业群、以航空机电设备维修和机电一体化技术专业为核心的航空机电专业群、以会计电算化专业为核心的财经管理类专业群和以音乐表演专业为核心的艺术设计类专业群共四大专业群。

新乡职业技术学院以服务地方经济社会发展为己任，建立以重点专业带动专业群的专业发展思路，确立以数控技术、机电一体化、会计电算化、汽车检测与维修、航海技术等重点专业为核心的机械类、建筑类、财经类、汽车类、航海类五大专业群。

许昌职业技术学院专业设置覆盖12个专业大类，重点建设与许昌产业创新发展结合紧密的现代装备制造、电子商务与现代物流、航空工程三个专业群。

洛阳职业技术学院根据区域经济社会发展需要，确定"办强医科，办好工科"的专业建设思路，形成以机械设计与制造、汽车检测维修技术、护理、医学检验技术等专业为代表的优势品牌专业群，2015年开设涵盖电子信息、制造、财经、土建、旅游、医药卫生6个专业大类、15个专业二级类的21个招生专业。

南阳农业职业学院2015年开设7个大类15个专业，构建以现代农业专业为主体，工科专业为主导，工、农、牧多学科协调发展、结构合理的专业体系。

濮阳职业技术学院适应地方经济社会发展方式转变和产业优化升级要求，巩固提高教育专业，发展工科专业，培育特色专业，2015年开设涵盖理工、经管、农林、文史、艺术等学科门类的56个专业及方向。

商丘职业技术学院开设涵盖农林牧、食品、土建、制造、电子信息、财经、旅游、艺术设计、传媒、法律等11个专业大类的49个专业（含方向），面向区域经济建设的专业特色突出。

周口职业技术学院确定"工为重点、农为特色、经管结合、兼顾文医、协调发展"的专业发展思路，形成以农科专业为龙头、工科专业为主体、医学专业为重点、人文管理专业为支撑的专业布局，2015年开设覆盖工、农、经、文、艺、医等13个专业大类的41个招生专业。

济源职业技术学院基本形成以电子信息、财经商贸、装备制造、土木建筑等专业大类为主体,艺术设计、交通运输、教育与体育、医药卫生、旅游、能源动力与材料等专业大类为辅助的专业结构体系,开设涵盖交通运输、生物与化工、资源环境与安全、能源动力与材料、土木建筑、装备制造、电子信息、财经商贸、医药卫生、旅游、教育与体育、文化艺术 12 个专业大类的 51 个专业。

鹤壁职业技术学院 2015 年开设涵盖医药卫生、装备制造、电子信息、土木建筑、文化艺术、食品药品与粮食、新闻传播、教育与体育、财商贸、旅游、交通运输、能源动力与材料 12 个专业大类的 44 个专业。

河南质量工程职业学院按照"以质量专业为基础,以特色专业为龙头"的专业建设思路,打造食品营养与检测、机电一体化技术、电梯工程技术、国际质量管理体系认证等特色优势品牌专业,2015 年有招生专业 38 个、12 个专业大类。

信阳职业技术学院目前理、工、医、经、管、文和教师教育等多学科门类专业综合协调发展,2015 年开设建筑工程类、汽车类、电子信息类、医药卫生类、教师教育类、金融会计类等 17 个二级专业门类的专业(专业方向)54 个。

3.服务对象定位特点

在地级市政府举办的 20 所高等职业院校中,除去 1 所高等职业院校(安阳职业技术学院)未对办学服务对象定位作集中表述之外,在其余 19 所高等职业院校中,15 所高等职业院校(漯河职业技术学院、三门峡职业技术学院、郑州财税金融职业学院、郑州旅游职业学院、新乡职业技术学院、驻马店职业技术学院、许昌电气职业学院、许昌职业技术学院、洛阳职业技术学院、南阳农业职业学院、濮阳职业技术学院、商丘职业技术学院、周口职业技术学院、鹤壁职业技术学院、信阳职业技术学院)在办学服务对象定位中都提出立足所在地级市办学,这 15 所高等职业院校中有 5 所高等职业院校(郑州财税金融职业学院、驻马店职业技术学院、南阳农业职业学院、商丘职业技术学院、周口职业技术学院)除提及为所在地级市服务以外,还与另外 4 所高等职业院校(郑州职业技术学院、开封文化艺术职业学院、济源职业技术学院、河南质量工程职业学院)一起,一共有 9 所高等职业院校一致表示在办学服务面向(办学方向)定位中立足所在区域(河南、中原经济区)办学。

在地级市政府举办的 20 所高等职业院校中,4 所高等职业院校(郑州财税金融职业学院、郑州旅游职业学院、许昌职业技术学院、南阳农业职业学院)在办学服务对象定位中提出为行业(部门)服务。

综上所述,在地级市政府举办的 20 所高等职业院校的办学服务对象定位中,有 9 所高等职业院校定位为立足所在区域办学服务,占比 45%;有 15 所高等职业院校定位为立足所在地级市或者提及为所在地级市服务(其中包括 4 所高等职业院校提出定位为立足区域办学),占比 75%,表明绝大多数地级市举办的高等职业院校明确和支持地级市政府作为举办主体的办学意图,服从为高等职业院校所在地级市服务的办学定位;有 4 所高等职业院校定位为行业(部门)服务,占比 20%;有 1 所高等职业院校未表述办学服务对象定位,占比 5%。

4. 办学特色定位特点

在地级市政府举办的 20 所高等职业院校中,4 所高等职业院校(郑州职业技术学院、安阳职业技术学院、新乡职业技术学院、河南质量工程职业学院)未表述特色定位,占比 20%,其余 16 所高等职业院校尽管没有集中表述办学特色,但都采取不同形式和不同角度表述对办学特色的认识和重视,占比 80%。

10 所高等职业院校在办学目标定位中述及"特色鲜明"(漯河职业技术学院、驻马店职业技术学院、许昌电气职业学院、濮阳职业技术学院、信阳职业技术学院)、"特色鲜明"和"特色发展"(三门峡职业技术学院)、"特色化"(郑州财税金融职业学院)、"富有特色"(许昌职业技术学院)、"特色"(鹤壁职业技术学院);或者,既在办学目标中述及"产教融合特色鲜明",又在办学思路中述及"创特色"(济源职业技术学院)。

2 所高等职业院校(开封文化艺术职业学院、周口职业技术学院)在办学理念中述及"特色办学"或者"特色兴校"。

2 所高等职业院校在办学思路中提出"打造富有地方特色、办学特色、专业特色的职业教育品牌"(南阳农业职业学院),或者开展"特色年"活动,"创特色"突显特色发展,"建设一批特色专业、形成一套特色管理机制、树立一批特色先进典型"打造系列化特色(商丘职业技术学院)。

2 所高等职业院校主要针对专业特色,在办学目标定位中述及"旅游特色突出"(郑州旅游职业学院),或者在办学思路中,述及"打造特色专业"(洛阳职业技术学院)。

(二)高等职业院校相对关系办学目标概况

1. 地理范围美誉目标

在地级市政府举办的 20 所高等职业院校中,有 9 所高等职业院校确定

"省内"或者"省级"的办学目标,在地级市政府举办的高等职业院校20所总数中占比45%。其中,1所高等职业院校(周口职业技术学院)自评"综合实力进入河南省高等职业院校前列",其余8所高等职业院校,提出"特色鲜明、质量过硬、省内一流、人民满意"的奋斗目标(三门峡职业技术学院),或者"把学院建成为豫北职业教育基地"(安阳职业技术学院),或者"创建具有鲜明地方特色的省级示范高等职业院校"(新乡职业技术学院),或者"把学院办成'省内知名、豫南一流'的品牌高等职业院校"(驻马店职业技术学院),或者"努力建设好省级高等职业教育特色学校,争创省级高等职业教育示范学校"(开封文化艺术职业学院),或者"立足南阳,服务中原经济区建设"(南阳农业职业学院),或者"创办特色鲜明、全省一流的高等职业院校"(濮阳职业技术学院),或者"打造区域性产业技术与管理、质量法律法规、质量管理与认证认可、标准计量技术与管理和质量检测检验技术方面知名的高等职业教育中心和公共技术服务平台"(河南质量工程职业学院)。

10所高等职业院校将办学目标定位于"全国",在地级市政府举办的高等职业院校20所总数中占比50%。其中,1所高等职业院校(商丘职业技术学院)自评综合办学实力进入全国高等职业院校前列,1所高等职业院校(济源职业技术学院)将办学目标定位于"创建全国知名高等职业院校",另有8所高等职业院校意识到"省级(省内)"与"全国(国内)"办学目标定位之间的递进联系,在办学定位中兼顾"省级(省内)"与"全国(国内)"两者的关联,提出"建设与漯河市区域性中心城市相匹配的全省一流、全国知名、特色鲜明的示范性高等职业院校目标"(漯河职业技术学院),或者"将学院办成省内一流、国内领先、骨干专业突出、校企高度融合、实训配备完善、应用特色鲜明的财经类高等职业院校"(郑州财税金融职业学院),或者"立足河南,面向全国,依托市场,服务社会"(郑州职业技术学院),或者"目标是建设成全省一流、全国知名、特色鲜明的示范性高等职业院校"(许昌电气职业学院),或者自许"努力当好河南高职教育的排头兵",将发展目标定位为"中原地区富有特色的一流高等职业院校,力争在'十三五'末进入全国一流特色高等职业院校建设行列"(许昌职业技术学院),或者"用5~10年的时间,把学院打造成'省内领先、全国一流'的现代化示范高等职业院校"(洛阳职业技术学院),或者"争创省内一流、国内知名、特色鲜明的示范性高等职业院校"(信阳职业技术学院);有1所高等职业院校(郑州旅游职业学院)提出"全省一流、国内领先、旅游特色突出的高等职业教育品牌示范学校"的办学目标,其中不仅遵从"全省一流"到"国内领先"的递进发展逻辑,更基于该校培育和打造行业特色的现有基础和未来可能,将远期办学目标定位于"国际知名",展望"把学院建设成为国内一流,国际知名的高等职业院校",表明该院校在自我定位方面所具有的宏大抱负。

另有 1 所高等职业院校(鹤壁职业技术学院)未在办学目标定位中表明服务面向的明确的地理范围,在地级市政府举办的高等职业院校 20 所总数中占比 5%。

在地级市政府举办的 20 所高等职业院校中,5 所高等职业院校(郑州旅游职业学院、商丘职业技术学院、周口职业技术学院、济源职业技术学院、信阳职业技术学院)将办学目标定位于改变教育层次,实现"升本":提出"立足专科教育、实现本科教育条件",或者"2014 年确定升本建设发展目标,力争跨进河南省示范性应用技术型本科院校第一方阵",或者实施"本千万"工程办学目标即建成千亩校园、万人规模的应用型本科院校,或者"重点发展高等职业教育,加快发展应用型本科教育",或者"建成示范性高等职业院校,为升入应用型本科高等职业院校奠定坚实基础"。

2. 社会声誉评级状况

根据各高等职业院校"高等职业教育质量年度报告(2016)"文本以及当前高等职业教育发展政策状况,本书确定根据"国家示范性高等职业院校建设计划""中国特色高水平高职学校和专业建设计划"两个中央级政府项目和"河南省示范性高等职业院校建设计划""河南省职业教育品牌示范院校和特色院校建设计划"两个省级政府项目,概括地级市政府举办高等职业院校的社会声誉评级状况。

(1)国家示范性高等职业院校建设计划

在国家级示范性高等职业院校建设计划中,河南省共有 4 所高等职业院校入选教育部、财政部 2006—2008 年"国家示范性高等职业院校建设计划"立项建设单位并通过验收,其中有 1 所地级市政府举办的高等职业院校(商丘职业技术学院)入选并完成建设;河南省共有 3 所高等职业院校入选教育部、财政部 2010 年"国家示范性高等职业院校建设计划"骨干高等职业院校立项建设单位并通过验收,但地级市政府举办的 20 所高等职业院校中无院校入选。

两项合计,地级市政府举办的高等职业院校有 1 所入选国家示范性(骨干)高等职业院校,占地级市政府举办的高等职业院校总数 20 所的 5%,占河南省高等职业院校入选国家示范性（骨干）高等职业院校总数 7 所的 14.29%，占本书选取的 2015 年河南省公办高等职业院校总数 44 所的 2.27%。

（2）中国特色高水平高职学校和专业建设计划（简称"双高计划"）

在"双高计划"实施中，河南省入选教育部、财政部 2019 年启动的"中国特色高水平高职学校和专业建设计划"名单有 6 所高等职业院校，其中 1 所地级市政府举办的高等职业院校入选为第三类即高水平专业群建设单位（B 档），即许昌职业技术学院。

综合而言，地级市政府举办高等职业院校 1 所入选"双高计划"名单，占河南省地级市政府举办的高等职业院校总数 20 所的 5.00%，占河南省高等职业院校入选"双高计划"名单总数 6 所的 16.67%，占本书选取的 2015 年河南省公办高等职业院校总数 44 所的 2.27%。

（3）河南省示范性高等职业院校建设计划

在河南省示范性高等职业院校建设计划中，河南省 12 所高等职业院校入选 2008 年"河南省示范性高等职业院校建设计划"立项建设单位并通过验收，其中有 5 所地级市政府举办的高等职业院校（信阳职业技术学院、漯河职业技术学院、周口职业技术学院、济源职业技术学院、许昌职业技术学院）入选并完成建设；河南省 10 所高等职业院校入选省教育厅、省财政厅 2011 年"河南省骨干高等职业院校建设项目"立项建设单位并通过验收，其中有 5 所地级市政府举办的高等职业院校（濮阳职业技术学院、鹤壁职业技术学院、三门峡职业技术学院、河南质量工程职业学院、郑州职业技术学院）入选并完成建设。

两项合计，地级市政府举办的高等职业院校有 10 所入选河南省示范性（骨干）高等职业院校，占地级市政府举办的高等职业院校总数 20 所的 50%，占河南省示范性（骨干）高等职业院校总数 22 所的 45.45%，占本书选取的 2015 年河南省公办高等职业院校总数 44 所的 22.73%。

（4）河南省职业教育品牌示范院校和特色院校建设计划

在河南省职业教育品牌示范院校和特色院校建设计划中，河南省 18 所高等职业院校入选河南省教育厅、河南省人力资源和社会保障厅、河南省财政厅、河南省发展和改革委员会联合设立的 2012—2014 年"河南省职业教育品牌示范院校和特色院校建设行动计划"中的品牌示范院校项目立项建设单位，其中有 10 所地级市政府举办的高等职业院校（信阳职业技术学院、周口职业技术学院、济源职业技术学院、许昌职业技术学院、濮阳职业技术学院、鹤壁职业技术学院、三门峡职业技术学院、河南质量工程职业学院、郑州职业技术学院、郑州旅游职业学院)入选;河南省 20 所高等职业院校入选 2012—2014 年"河南省职业教育品牌示范院校和特色院校建设行动计划"中的特色院校项目立项建设单位,其中有 9 所地级市政府举办的高等职业院校(商丘职业技术学院、漯河职业技术学院、开封文化艺术职业学院、驻马店职业技术学院、安阳职业技术学院、新乡职业技术学院、郑州财税金融职业学院、南阳农业职业学院、洛阳职业技术学院)入选。

综上所述,在河南省职业教育品牌示范院校和特色院校建设计划中,地级市政府举办的高等职业院校有 10 所入选为品牌示范院校项目立项建设单位,9 所入选为特色院校项目立项建设单位,两项合计 19 所,占地级市政府举办的高等职业院校总数 20 所的 95%,占"河南省职业教育品牌示范院校和特色院校建设计划"立项建设单位总数 38 所的 50%,占本书选取的 2015 年河南省公办高等职业院校总数 44 所的 43.18%。

二、工作要素:高等职业院校专业设置概况

根据各高等职业院校"高等职业教育质量年度报告(2016)"文本,本书从"针对性"和"差异化"两个方面概括地级市政府举办高等职业院校的专业结构状况。

(一)"针对性"特点

与省级教育厅局主管的高等职业院校、省级行业厅局主管的高等职业院校有所不同,要考察地级市政府举办高等职业院校专业结构的"针对性"特点,一方面需对比地级市政府举办的高等职业院校的专业结构与《河南省国民经济和社会发展第十二个五年规划纲要》反映的河南省产业政策的衔接状况,另一方面还需对比地级市政府举办的高等职业院校的专业结构与当地产业政策的衔接状况及为所在地经济社会发展服务态势和水平,而且应以第二个方面为主。鉴于地级市政府举办的高等职业院校的专业结构与全省总体经济规划的衔接状况主要通过与所在地产业政策的衔接而得以间接呈现,故本部分不再研究地级市政府举办的高等职业院校的专业结构与河南省产业政策的衔接状况,转而主要研究地级市政府举办的高等职业院校的专业结构与所在地产业政策的"针对性"状况。研究的思路是,以各地级市政府公开发布的该市国民经济和社会发展第十二个五年规划(2011—2015)所含对所举办高等职业院校的定位及产业政策为依据,研究各高等职业院校设置的专业大类

总数（高等职业院校开设不同的专业大类总量）与该市产业政策之间的"针对性"状况，呈现各高等职业院校与该市经济和社会各方面的互动状态。

漯河职业技术学院作为漯河市人民政府举办的高等职业院校，被纳入《漯河市国民经济和社会发展"十二五"规划纲要》并明确提出加快建设的要求。该校的专业设置与布局结构则对接"十二五"期间漯河市战略定位、国民经济和社会发展主要目标、发展重点，借力漯河市建设中国食品名城的区域定位和建设河南电子信息产业基地等产业定位，集中力量培育以食品专业为龙头，以电子、建筑类专业为支撑，与社会需求对接紧密的重点建设专业，初步显现专业特色和办学成果。

三门峡职业技术学院作为三门峡市人民政府举办的高等职业院校，被纳入《三门峡市国民经济和社会发展第十二个五年规划纲要》作为"积极发展高等教育和职业技术教育"的依托。该校着力建立以优势特色专业为龙头，相关专业为支撑，覆盖农林牧渔、生化与药品、材料与能源、资源开发与测绘、轻纺食品、电子信息、土建、制造、财经、旅游、文化教育、艺术设计和医学护理13个专业大类的专业体系，专业设置与区域主导产业结构匹配。

安阳职业技术学院作为安阳市人民政府举办的高等职业院校，被纳入《安阳市国民经济和社会发展第十二个五年规划纲要》并要求"全面建成"，支持强化自主创新功能。该校对接《安阳市国民经济和社会发展第十二个五年规划纲要》，适应产业结构调整对专业发展的需求，形成专业建设思路，重点建设机电一体化技术、汽车检测与维修技术、建筑工程技术、航空机电设备维修、会计电算化和护理六大专业。

新乡职业技术学院作为新乡市人民政府举办的高等职业院校，被纳入《新乡市国民经济和社会发展第十二个五年规划纲要》并要求"建成新乡市职业技术学院"。该校对接《新乡市国民经济和社会发展第十二个五年规划纲要》，根据以重点专业带动专业群的思路，培育和形成品牌、特色专业，建设以数控技术、机电一体化、会计电算化、汽车检测与维修、航海技术等重点专业为核心的机械类、建筑类、财经类、汽车类、航海类五大专业群。

驻马店职业技术学院作为驻马店市人民政府举办的高等职业院校，被纳入《驻马店市国民经济和社会发展第十二个五年规划纲要》，该文件要求加大力度进行"重点建设"，到2015年，办学规模和招生规模扩大达到在校生1万人。该校对接《驻马店市国民经济和社会发展第十二个五年规划纲要》，实施专业差异发展战略，重点打造适应驻马店市产业布局和中原经济区建设需要的机电装备制造业、物流业、会计服务业、汽车服务业、信息产业、教师教育等相关专业。

开封文化艺术职业学院作为开封市人民政府举办的高等职业院校,被纳入《开封市国民经济和社会发展第十二个五年规划纲要》,该文件要求重点支持建设,加大围绕该市文化产业发展方向进行专业设置和调整的力度。该校对接《开封市国民经济和社会发展第十二个五年规划纲要》建设"中国历史文化名城""国际文化旅游城市"的战略定位,重点建设旅游工艺品设计与制作、表演艺术、主持与播音等骨干专业,提升专业服务文化产业能力。

许昌电气职业学院、许昌职业技术学院作为许昌市人民政府举办的高等职业院校,被纳入《许昌市国民经济和社会发展第十二个五年规划纲要》。该文件要求加快推进许昌电气职业学院重大项目建设,支持许昌职业技术学院加快发展。许昌电气职业学院根据许昌市建设"中原电气谷"和"全国重要的电力装备制造业基地"的战略定位,设置5个专业大类14个专业。

许昌职业技术学院保持传统专业优势,依据许昌优势产业发展和郑州航空港经济区建设需要,重点建设现代装备制造、电子商务与现代物流、航空工程三个专业群,形成覆盖12个专业大类51个专业的专业体系。

南阳农业职业学院作为南阳市人民政府举办的高等职业院校,被纳入2011年批准的《南阳市国民经济和社会发展第十二个五年规划纲要》,该文件要求尽快完成南阳农校升专工作,加快推进院校升格,教育部于2013年5月印发教发函〔2013〕97号文件公布同意备案。该校专业设置未强调与所在地级市产业规划对接,而要求适应区域、行业经济社会发展需要构建以现代农业专业为主体、工科专业为主导,工、农、牧协调发展,结构合理的专业体系。

濮阳职业技术学院作为濮阳市人民政府举办的高等职业院校,被纳入《濮阳市国民经济和社会发展第十二个五年规划纲要》,该文件要求继续加强学科和专业建设,改善办学条件,扩大办学规模。该校面向濮阳经济社会发展需要,明确行业针对性,发展工科专业,巩固提高教育专业,工、理、文、管多学科协同发展。

商丘职业技术学院作为商丘市人民政府举办的高等职业院校,未强调对接《商丘市国民经济和社会发展第十二个五年规划纲要》,但设置涵盖农林牧、建筑、机械制造、电子信息、财经、旅游、艺术设计、法律等专业大类的49个专业和方向,构建作物生产技术、园艺技术、畜牧兽医、食品加工技术、汽车检测与维修技术和机电一体化等9个国家重点专业(群)和电子商务、计算机应用技术、机械制造与自动化、软件技术等学院级重点专业（群），面向当地经济、社会发展服务。《商丘市国民经济和社会发展第十二个五年规划纲要》未列举具体高校，仅要求高等院校和职业院校要结合商丘经济发展实际，设置适用专业培养实用人才。

周口职业技术学院作为周口市人民政府举办的高等职业院校，被纳入《周口市国民经济和社会发展第十二个五年规划纲要》，该文件要求加大建设力度，扩大办学规模。该校开设 41 个专业，根据周口市和河南省产业政策需求重点建设机电一体化技术、财务管理、汽车检测与维修技术、畜牧兽医、园艺技术、计算机应用技术、护理 7 个专业，形成农科类为龙头、工科类为主体、医学类为重点、人文管理类为支撑，工、农、经、文、艺、医多学科门类相融合的专业体系。

济源职业技术学院作为济源市人民政府举办的高等职业院校，适应河南和济源产业转型和城市发展需求，以骨干专业为龙头，带动其他专业和专业群，形成以电子信息、财经商贸、装备制造、土木建筑等专业大类为主体，艺术设计、交通运输、教育与体育、医药卫生、旅游、能源动力与材料等专业大类为辅助的专业体系。《济源市国民经济和社会发展第十二个五年规划纲要》未列举具体高校，仅要求通过联办、引进、民办公助等形式力争创办一所本科院校，积极发展高等教育。

鹤壁职业技术学院作为鹤壁市人民政府举办的高等职业院校，被纳入《鹤壁市国民经济和社会发展第十二个五年规划纲要》，该文件要求重点推进该校新校区项目，发挥该校龙头带动作用。该校紧密对接地方主导新兴产业需求设置调整专业，优化专业结构，2015 年开设涵盖医药卫生、装备制造、电子信息、土木建筑、文化艺术、食品药品与粮食、新闻传播、教育与体育、财经商贸、旅游、交通运输、能源动力与材料 12 个专业大类的 44 个专业，建设特色专业和品牌优势明显的专业群。

河南质量工程职业学院作为平顶山市人民政府举办的高等职业院校，围绕中原经济区、郑州航空港综合经济试验区和平顶山市经济发展需要调整优化专业结构，强化质量专业特色，打造食品营养与检测、机电一体化技术、电梯工程技术、国际质量管理体系认证等特色优势品牌专业，2015 年开设 12 个专业大类 38 个招生专业。《平顶山市国民经济和社会发展第十二个五年规划纲要》要求加强高等教育学科建设，提高教学科研水平和创新能力，优化发展高等教育。该校未被列入其中的教育事业类"民生工程重点项目"。

信阳职业技术学院作为信阳市人民政府举办的高等职业院校,被纳入《信阳市国民经济和社会发展第十二个五年规划纲要》,要求以该校实习实训设备为基础,推行"农村劳动力转移培训计划",提升高校服务地方经济能力。该校以服务地方和区域经济社会发展为导向,结合地方承接沿海地区产业转移对人力资源的新需求,2015 年开设招生专业(或专业方向)54 个,按照做强医药卫生类专业、做优文化教育类专业、做大应用技术类专业、做活经管服务类专业的思路,形成与地方产业发展规划高度融合的多专业大类并举、各专业相互支持交融、特色鲜明、协调发展的专业格局。

作为郑州市人民政府举办的高等职业院校,郑州财税金融职业学院、郑州旅游职业学院专业设置及结构未明确表示衔接所在地级市郑州市人民政府制定的《郑州市国民经济和社会发展第十二个五年规划纲要》,无从考察专业结构与所在地级市产业政策之间的"针对性"状况,但郑州旅游职业学院提出将在未来改进专业设置与区域产业、企业对接缺乏论证的过往状况;郑州职业技术学院专业设置未述及对接《郑州市国民经济和社会发展第十二个五年规划纲要》,但强调围绕郑州都市区建设、郑州航空港经济综合实验区和中原经济区的发展对高质量技能专门人才的需求,改造老专业,完善优势专业,发展新兴专业,强化特色专业,基本形成包括机械、电气、生物、管理、交通、传媒、建筑等门类的专业体系。《郑州市国民经济和社会发展第十二个五年规划纲要》未列举具体高校和细化要求,仅要求"重点建设 10 所示范性高等职业院校",做大做强职业教育。

洛阳职业技术学院作为洛阳市人民政府举办高等职业院校,专业设置注重衔接中原经济区的产业发展需要,而非针对洛阳市产业政策。《洛阳市国民经济和社会发展第十二个五年规划纲要》未列举具体高校和细化要求,仅要求优化高校与地方经济发展的互动机制,促进高校参与和支持该市经济与社会发展。

(二)"差异化"特点

地级市政府举办的 20 所高等职业院校根据面向地方办学的服务定位和地方主体功能分区及产业政策定位,确定各自的专业结构和专业特色定位,使专业点数(开设同一种专业的高等职业院校数量)在全省范围既吻合于高等职业院校所在的当地产业规划布局,造成在各地级市之间的"差异化"局面,又基于全省产业整体规划,在各地级市之间形成协同互补。兹不详述。

第六章

国有企业举办高等职业院校
办学状态研究

在教育部发布的《2015 年全国高等学校名单》中，河南省 44 所独立设置的公办专科高等职业院校有 2 所隶属于河南省国有企业，占当年河南省公办高等职业院校总数 44 所的 4.55％。这 2 所高等职业院校是隶属于中国平煤神马能源化工集团有限责任公司的平顶山工业职业技术学院，由河南能源化工集团有限责任公司作为主办方进行管理、商丘市人民政府作为协办方参与管理的永城职业学院。下面对 2 所国有企业举办的高等职业院校的举办主体、办学概况进行分析研究。

第一节　国有企业举办高等职业院校举办主体研究

国有企业举办的 2 所高等职业院校的举办主体情况见表 6-1-1。

平顶山工业职业技术学院、永城职业学院都是国有企业作为唯一的或者主要的举办主体，面向参加全国普通高等学校招生考试的非企业职工社会适龄人群提供高等职业教育的高等职业院校。两校的举办主体都主要是国有企业或者单一独立主体，既区别于校企或者企企等多个举办主体联合举办的学校，也区别于面向企业内部在职职工提供成人继续教育和岗位技能培训的企业大学。

平顶山工业职业技术学院于 2001 年由平顶山煤炭职工大学、平顶山煤炭高级技工学校合并而成，2006 年平顶山市工业贸易学校并入，2012 年中国平煤神马集团党校并入。该校升格至今，举办主体中国平煤神马能源化工集团有限责任公司与该校的行政隶属关系没有发生变化,升格后该校所承办的属于高等教育层次的高等职业教育部分的教育教学业务接受河南省教育厅的指导监督。

表 6-1-1　国有企业举办高等职业院校情况表

序号	高等职业院校名称	创校时间	升格基础(主体)名称	升格时间	高职年数	举办主体
1	平顶山工业职业技术学院	1975 年	2001 年平顶山煤炭职工大学、平顶山煤炭高级技工学校合并;2006 年平顶山市工业贸易学校并入;2012 年中国平煤神马集团党校并入	2001 年	21	中国平煤神马能源化工集团有限责任公司
2	永城职业学院	1956 年	永城师范学校、商丘教育学院、永城职业学校合并	2004 年 6 月	18	河南能源化工集团有限责任公司

说明:表中统计数据截止年份为 2022 年。

永城职业学院由永城师范学校、商丘教育学院、永城职业学校合并,于2004 年 6 月经批准备案成立,当时由商丘市人民政府独家举办。2010 年 12 月,河南省人民政府在印发的豫政文〔2010〕185 号文件中,批准该校改制为股份制高等职业院校,参照民办学校管理,实行河南能源化工集团有限责任公司和商丘市人民政府共同管理、以河南能源化工集团有限责任公司为主的管理体制,"河南能源拥有永城职业学院 70% 的股权,商丘市人民政府拥有永城职业学院 30% 的股权。股东以各自认缴的出资额对学院承担责任,按各自实缴的出资比例分享合理回报",该院内部领导体制实行董事会领导下的院长负责制。

河南省级行业厅局主管的 16 所高等职业院校的升格时间情况是,以2000 年 1 月 14 日国务院办公厅印发的《国务院办公厅关于国务院授权省、自治区、直辖市人民政府审批设立高等职业学校有关问题的通知》(国办发〔2000〕3 号)为界,2 所高等职业院校均由河南省人民政府在此时间节点之后分批批准设置并报送教育部备案成立。

第二节　国有企业举办高等职业院校办学状况研究

国有企业举办的 2 所高等职业院校的办学主体历史演变情况见表 6-1-1。下面依据高等职业院校内部组织要素理论,沿用第三章的相应结构,从办学目标定位及其中的办学理念信念要素、专业设置工作要素两个方面分析国有企业举办的高等职业院校的办学概况。

一、信念要素：高等职业院校办学目标定位概况

根据各高等职业院校"高等职业教育质量年度报告（2016）"文本，本书概括国有企业举办的高等职业院校的办学目标定位状况。

（一）高等职业院校本体办学目标定位概况

在国有企业举办的 2 所高等职业院校中，平顶山工业职业技术学院提出"立足煤炭企业，兼顾相关行业，为地方经济和社会发展服务"的办学定位和"优化结构、提升效益、注重品质、充实内涵、改革创新、办出特色"的工作方针。

永城职业学院确立"为黑（煤）白（面粉）经济服务"的办学定位，提出以自身为基础设置河南煤业化工学院（应用型本科院校）并列入 2012 年河南省教育厅制定的河南省"十二五"高等学校设置规划，但该目标在"十二五"结束至今并未实现，2016 年完成并提交的"永城职业学院高等职业教育质量年度报告（2016）"仍然将办学目标定位于办学转型，希望"逐步完成职业教育向应用型普通本科教育转型，为地方经济建设和社会发展提供服务"。

1. 办学理念概况

平顶山工业职业技术学院提出"培养员工式、学习型，德、智、体、美全面发展的高端技能型人才"的愿景和"依托行业，打造专业；办好专业，服务企业"的办学理念。

永城职业学院提出"以马克思列宁主义、毛泽东思想、邓小平理论和'三个代表'重要思想为指导，坚持科学发展观，全面贯彻落实党和国家的教育方针；以人才培养为中心，充分发挥校企联合办学的优势，积极开展教学、科研和社会服务，为生产、建设、管理第一线培养具有创新精神、创业意识和实践能力的高级工程技术应用型人才"的办学思想和注重"实学、实用、实习、实训、实践""技术、技能、技巧"的"五实三技"办学理念。

2. 专业大类定位特点

在国有企业举办的 2 所高等职业院校中，平顶山工业职业技术学院根据中原经济区发展方向和举办主体中国平煤神马能源化工集团有限责任公司的产业链格局设置和优化专业结构，提出保持 40～45 个专业、1.5 万人办学规模，重点建设与现代采煤业、化工业、制造业对接的"煤炭采选、化工、装备制

造、电子信息"四大专业群体系,形成以国家重点建设专业为龙头,省级特色专业建设点为主干,院级重点建设专业为支撑的多层次专业布局。永城职业学院注重服务区域经济发展,根据中原经济区产业转型升级与结构调整的需要,针对主要举办方河南能源化工集团有限责任公司的人才需求,设置40个专科专业,以矿井通风与安全、煤矿开采技术、机电一体化技术和应用化工技术专业及相关专业(群)为重点加强特色专业建设,初步形成以工学为主,管理学、文学多学科协调发展的学科专业格局。

3. 服务对象定位特点

国有企业举办的2所高等职业院校在服务对象定位方面都认识到,高等职业院校要跟踪区域经济发展情况,来谋求自身发展。2所高等职业院校都具体提出,一是要摸准和适应中原经济区产业转型升级及其发展方向与经济结构调整的需要,为区域经济发展服务;二是要围绕各自的国有企业举办主体——中国平煤神马能源化工集团有限责任公司、河南能源化工集团有限责任公司的产业链格局产生的人才需求设置专业,优化专业布局。

4. 办学特色定位特点

在国有企业举办的2所高等职业院校中,平顶山工业职业技术学院提出,作为中国平煤神马能源化工集团有限责任公司举办的高等职业院校,要以煤炭及煤炭相关专业为特色专业,为企业母体提供人才支撑;永城职业学院提出形成"政、校、企三方联动,产教结合、订单培养"的办学特色,确立独特的煤矿专业人才培养优势和服务河南煤炭企业的鲜明办学特色。

(二)高等职业院校相对关系办学目标概况

1. 地理范围美誉目标

在国有企业举办的2所高等职业院校中,平顶山工业职业技术学院提出"建设国内一流、世界知名的高等职业院校"的地理范围美誉办学目标。永城职业学院当时立意建设应用型本科高校,实现教育层次上的突破,并未特别关注地理范围美誉目标。

2. 社会声誉评级概况

根据各高等职业院校"高等职业教育质量年度报告(2016)"文本以及当前高等职业教育发展政策,本书确定采用"国家示范性高等职业院校建设计划""中国特色高水平高职学校和专业建设计划"两个中央级政府项目和"河南省示范性高等职业院校建设计划""河南省职业教育品牌示范院校和特色院校建设计划"两个省级政府项目,概括国有企业举办的高等职业院校的社会声誉评级状况。

（1）国家示范性高等职业院校建设计划

在国家级示范性高等职业院校建设计划中，河南省共有4所高等职业院校入选教育部、财政部2006—2008年"国家示范性高等职业院校建设计划"立项建设单位并通过验收，其中有1所国有企业举办的高等职业院校（平顶山工业职业技术学院）入选并完成建设；3所高等职业院校入选教育部、财政部2010年"国家示范性高等职业院校建设计划"骨干高等职业院校立项建设单位并通过验收，其中没有国有企业举办的高等职业院校入选。

两项合计，国有企业举办的高等职业院校有1所入选国家示范性（骨干）高等职业院校，占国有企业举办高等职业院校总数2所的50%，占河南省高等职业院校入选国家示范性（骨干）高等职业院校总数7所的14.29%，占本书选取的2015年河南省公办高等职业院校总数44所的2.27%。

（2）中国特色高水平高职学校和专业建设计划（简称"双高计划"）

在"双高计划"实施中，河南省有6所高等职业院校入选教育部、财政部2019年启动的"中国特色高水平高职学校和专业建设计划"，其中没有国有企业举办的高等职业院校入选。

（3）河南省示范性高等职业院校建设计划

在河南省示范性高等职业院校建设计划中，河南省12所高等职业院校入选2008年"河南省示范性高等职业院校建设计划"立项建设单位并通过验收，其中没有国有企业举办的高等职业院校入选；10所高等职业院校入选省教育厅、省财政厅2011年"河南省骨干高等职业院校建设项目"立项建设单位并通过验收，其中有1所国有企业举办的高等职业院校（永城职业学院）入选。

两项合计，国有企业举办的高等职业院校有1所入选河南省示范性（骨干）高等职业院校，占国有企业举办高等职业院校总数2所的50%，占河南省示范性（骨干）高等职业院校总数22所的4.55%，占本书选取的2015年河南省公办高等职业院校总数44所的2.27%。

（4）河南省职业教育品牌示范院校和特色院校建设计划

在河南省职业教育品牌示范院校和特色院校建设计划中，河南省18所高等职业院校入选河南省教育厅、河南省人力资源和社会保障厅、河南省财政厅、河南省发展和改革委员会联合设立的2012—2014年"河南省职业教育品牌示范院校和特色院校建设计划"中的品牌示范院校项目立项建设单位，其中有 1 所国有企业举办的高等职业院校(永城职业学院)入选;20 所高等职业院校入选 2012—2014 年"河南省职业教育品牌示范院校和特色院校建设计划"中的特色院校项目立项建设单位,其中有 1 所国有企业举办的高等职业院校(平顶山工业职业技术学院)入选并完成建设通过验收。

综上,在河南省职业教育品牌示范院校和特色院校建设计划中,国有企业举办的高等职业院校有 1 所入选为品牌示范院校项目立项建设单位,1 所入选为特色院校项目立项建设单位,两项合计 2 所,占国有企业举办高等职业院校总数 2 所的 100%,占"河南省职业教育品牌示范院校和特色院校建设计划"立项建设单位总数 38 所的 5.26%,占本书选取的 2015 年河南省公办高等职业院校总数 44 所的 4.55%。

二、工作要素:高等职业院校专业设置概况

根据各高等职业院校"高等职业教育质量年度报告(2016)"文本,本书从"针对性"和"差异化"两个方面概括国有企业举办的高等职业院校的专业结构状况。

鉴于在前述国有企业举办的高等职业院校办学目标定位概况部分,已将平顶山工业职业技术学院、永城职业学院两所高等职业院校与专业结构相关的专业大类定位特点、服务对象定位特点和办学特色定位特点作为内容定位的具体特点进行阐述,这里不再深入探察。

第七章

省域高等职业教育举办体制组织生态学研究

本章接续前面的第三、四、五、六等四章,对这四章内容进行理论分析。在理论分析中,对于这四章所分述的各自不同行政隶属关系下的省域高等职业教育组织体系,将采用还原论的思想和方法进行观照(刘明海,2012:34-58)。

首先,本体论还原(本书关注空间静态,忽略时间动态),包括构成还原和属性还原两种具体形式。其中,实体意义上的整体(高层次实体)由部分(低层次实体)构成、整体(高层次实体)还原为部分(低层次实体)为"构成"还原,属性意义上的高层次实体属性还原为低层次实体属性为"同一"还原。按照亚里士多德将实体存在划分为本体存在和属性存在两类范畴的存在分类思想,将举办主体(行政主管部门组织个体)、办学主体(高等职业院校组织个体)分别从范畴上还原为本体和属性两种存在类型,将省域高等职业教育组织生态系统从高层次实体组织个体及其类型按照组织水平和职能尺度下向还原为低层次实体,将以高等职业院校组织个体为焦点的成对建立的举办主体(行政主管部门组织个体)——办学主体(高等职业院校组织个体)两者间行政隶属关系进行构成还原和属性还原。

其次,认识论还原。对照第一章述及的组织生态学理论基础,本章对省域高等职业教育组织体系进行将其与理论基础建立映射关系的认识论还原研究,分析省域高等职业教育组织生态系统中的种群组织生态层级上的横向分类特征。

省域高等职业教育组织体系作为一个在省域社会系统中外部边界清晰、内部层级分化的相对独立的组织生态系统,内部结构从内向外包括三个组织生态层级。高等职业院校作为独立的组织生态个体,处在省域高等职业教育组织生态系统的核心地带,是省域高等职业教育组织生态系统的最基本构成单位,构成省域高等职业教育组织生态系统的第一个组织生态层级。按照高等职业院校所从属省域行政主管部门的职能性质及其与高等职业院校同构的行政隶属关系,高等职业院校被划分为四类,即省级教育厅局主管高等职业院校、省级行业厅局(院)主管高等职业院校、地级市政府举办高等职业院校、国有企业举办高等职业院校,统称为省域四个高等职业教育组织生态种群,处于省域高等职业教育组织生态系统中的核心地带与最外围的组织生态系统整体之间的中间组织生态层级上的第二个组织生态层级。省域高等职业教育组织生态群落自身处在省域高等职业教育组织生态系统的最高位、最外围,构成整体视角下的省域高等职业教育组织生态系统的第三个组织生态层级。处在省域高等职业教育组织生态系统内部核心地带的每一个高等职业院校组织个体,处在省域高等职业教育组织生态系统的中间组织生态层级上的四个省域高等职业教育组织生态种群,处在省域高等职业教育组织生态系统最高位、最外围的省域高等职业教育组织生态群落整体,这三者分别处在三个组织生态层级上,共同构成省域高等职业教育组织生态系统。

在省域高等职业教育组织体系中,每一对作为举办主体的行政主管部门和作为办学主体的高等职业院校两个主体之间,既存在着形式上的行政隶属关系,也存在着物质上的供需关系。下面就两种主体在两个关系中的地位、目的等实体和属性意义进行分述。

第一节 省域高等职业教育举办主体分类组织生态学分析

行政主管部门作为高等职业院校的举办主体,处在社会事业组织链条上游的政治与行政领导地位,执掌按照专业性质和技术量度划分归属的社会事业不同领域,设置和领导与其层级地位和分属职能关联的高等职业院校,供给所属高等职业院校所需教育资源和保障其顺畅办学。经过 20 世纪 90 年代末至 21 世纪初的全国规模高等教育管理体制改革,省级政府基于中央政府授权,成为主要的高等教育提供单位和高等职业教育的基本举办主体。在省域层面,省级政府及其所属组成部门,分辖省域空间体现省级政府意志的地级市政府,在省域高等职业教育组织生态系统中的四种种群组织生态层级里提供的高等职业院校组织个体密度领先,显然是高等职业院校的省域重要举办主体。除此之外,在整个省域高等职业教育组织生态系统和四种种群组织生态层级中,国有企业举办的高等职业院校组织个体密度的数值低到几乎要被忽略的程度,表明政策预期的企业的"重要"地位与现实表现存在极大反差。

不同属性的举办主体出于不同的目的主管或者举办高等职业院校。其中,省级政府组成部门中的教育行政部门出于示范引领其他举办主体、推进省域高等职业教育事业全面发展的主要目的直接管理少数综合性高等职业院校,省级政府组成部门中的其他行业厅局出于履行分属行业管理职能、服务保持省域行业社会经济事务和谐运行的目的直接管理行业多科类高等职业院校,地级市政府基于中央政府和省级政府授权出于面向辖区全面履行政治与行政职能、保障辖区社会经济建设发展需要的目的举办综合性高等职业院校,国有企业出于经济体制改革保留的政治责任要求、应对自身和所在行业职业技术人才需求的目的举办行业单科类高等职业院校。

高等职业教育本质在基底上影响种群组织水平的省域高等职业教育组织生态系统结构。高等职业教育本质是"技术(形式)+教育(载体)",其中的"技术"处在高等职业教育本质的核心,凸显对高等职业教育举办主体的规定性。如果"技术"被作为一个政府或其组成部门的开端与目的,即"技术"被作为其设置根据,由此该政府或其组成部门获得相应的行政职能属性,该政府或其组成部门将因而具有提供"技术+教育"的先在合法性和相对优越性。在本书中,这一认识被确定作为高等职业教育举办主体资格原则。

按照这一原则,在省域高等职业教育组织体系的种群组织生态层级中,省级政府行业部门以"(行业)技术"为其设置根据,相比较于省级政府教育部门、地级市政府和国有企业等其他三种行政主管部门被赋予的行政职能属性,优先具有作为高等职业院校举办主体资格的合法性。

国有企业以掌握和应用"技术"因而衍生"产品"的工作原理作为高等职业教育举办主体的设置根据。

从贴近于"技术"的意义而言,国有企业通过"产品"与"技术"建立直接关联,从而具有作为高等职业院校举办主体资格的合法性。与省级政府教育部门和地级市政府出于政治和行政职能而获得高等职业院校举办主体的合法资格而言,国有企业具有出于自身本性而关联"技术"的自然优势。但是,企业,包括被赋予政治属性的国有企业,都以逐利为目的,国有企业将因此陷于内在逐利目的与外在政治属性的矛盾,其中内在逐利目的相对于外在政治属性对国有企业而言更具有根本规定性,从而,国有企业从本性而言并不适合作为高等职业院校举办主体。这样的说法,或许是对现有省域高等职业教育组织体系中国有企业举办高等职业院校组织个体密度不佳理由的合适理解。

再次,省级政府教育部门、地级市政府都是政府办学意义上的高等职业教育举办主体。

省级政府教育部门、地级市政府两者的区别在于,省级政府教育部门是从作为省级政府组成部门意义上,代表省级政府对省域高等职业教育事务进行全域全程行政统辖;地级市政府是从省级政府辖下地理空间区划范围内社会良性运行意义上,基于省级政府授权向辖区所属高等职业院校提供土地、资金、省管干部以外人员等办学资源。就贴近于"技术"的表面意义而言,省级政府教育部门或许处在与地级市政府相比较的劣势地位,但地级市政府仅就辖区地理空间区划范围意义上与"技术"切近,这与"技术"本性上的地理空间超越性无法实现兼容。与之相反,省级政府教育部门不存在相应的问题,从而断言地级市政府相对于省级政府教育部门在实质上更加贴近于"技术"存在困难。但是,从贴近于教育事务的意义而言,省级政府教育部门具有与地级市政府相比较的优先性的断言是确定成立的。综上所述,省级政府教育部门在与地级市政府相比较的意义上具有确定的高等职业教育举办主体资格的合法性。

综合而言,从贴近于"技术"因而具有高等职业教育举办主体资格的意义而言,省域高等职业教育组织生态系统中四种种群组织生态层级的应有排序是省级行业厅局、省级教育厅局、地级市政府、国有企业。

第二节 省域高等职业教育办学主体本体论还原分析

省域高等职业教育办学主体本体论还原,是用亚里士多德的形而上学思想中的"四因说"理论(汪子嵩,范明生,陈村富,等,2014),对高等职业院校从自身的内部组成意义上进行分析。

亚里士多德在《物理学》和《形而上学》中总结提出"四因说"原因理论,认为事物都是由形式因、质料因、动力因和目的因四种原因构成的:形式因表示事物的形状、结构,质料因表示事物的基础性的成分、元素,动力因表示事物的动变根源,目的因表示事物最完善的终结。"四因"之间的关系如下。

目的因是第一因,在事物内部的动变过程中从开端起都在调控元素和成分的排列组合与方向,是质料欲求的最后结果。就此而言,目的因和形式因同一,两者可以合一。目的因范导动力因。如果动力因存在于事物自身,推动质料因从事物内部的潜在状态经过运动变化实现为形式因,动力因就同一为事物的形式因,从而动力因和形式因可以两因合一。故而,目的因、动力因和形式因可以三因合并归一为形式因,事物由形式因和质料因二因构成。在事物的形式和质料二因关系中,形式在逻辑和时间上先于质料,形式决定质料,质料接受形式的塑造。另外,事物可以被分析为存在意义上的本体和属性两类范畴。亚里士多德在《范畴篇》中提出,事物按照存在方式可细分为两个类型覆盖的十种范畴,两种类型的存在方式即本体(或称实体,即事物自身)和它的属性。十种范畴,即①本体是不依附他物而独立自存的基本存在物,属性指称事物"可以是别样"的九种显现方式,它们只能依附于基本存在物才能显现而不能独立存在,包括②数量、③性质、④关系、⑤时间、⑥空间、⑦姿态、⑧装备、⑨动作和⑩遭受。

在教育活动中,主体从数量和结构上分为个体和集体。它们各自的教育活动原则是,学术个人发展自由或研或教,学科行会跨越院校集体自主;职业高校办学面向社会集合多系共生,深部知识中心基于思想倚重个体劳动。根据伯顿·克拉克主张的大学组织要素理论,高等职业院校组织作为个体集合体单位的办学主体,从它的属人意义上,而不是从物理实体意义上,形构其信念要素、工作要素和权力要素等三类内部组织要素。将高等职业院校及其三类内部组织要素按照亚里士多德"四因说"原因理论进行对应分析如下。

高等职业院校作为工作要素的专业设置(伯顿·克拉克主张的学科组织要素)对应于高等职业院校的质料因。作为高等职业院校本体构成的质料因,专业设置是高等职业院校的基础性工作内容,工作都围绕着处理高深的知识和技术的中心任务而将整体划分为部分予以分别组织实施。高等职业教育内容中的知识和技术按照对象性质和归属领域被对应于职业分工编辑为学科专业,按照彼此作用关系和系统复杂程度从外部横向到内部纵向逻辑地编排为课程门类和层级单元,并为直观化和具象化地呈现和人机对应实训配置生产性情境现场工厂车间以及通用共性技术设施设备成套装备。高等职业院校教学,即师生双主体在机器设备上进行授受知识和技术的微观层面的个体结对行动中的工作原理是,知识技术运思于心灵导引身体动作,知识技术对象和个体行动载体表征和结合为机器设备,遵循人、机和知识技术三者共在和互动(包括师生主体间互动)的原则,实现知识技术与(学生)心灵的无形有机融合及其后的(学生)身体动作获得自由输出知识技术的功能。

学科信念和院校组织文化对应于高等职业院校的目的因和形式因。其中,目的因对应为高等职业院校的信念要素之办学目标定位(伯顿·克拉克主张的学科信念要素),形式因对应为高等职业院校的信念要素之办学理念(伯顿·克拉克主张的院校组织文化要素)。学科信念和院校组织文化是以精神观念的形式,维系技术多元职业性共同体组织或者专业单一学术性共同体成员的同一性的"思想风格"和象征性的"文化旗帜",是高等职业院校组织个体与同属其他组织个体之间存在的种差,是高等职业院校的形式和本质,也是高等职业院校质料因脱离潜能运动转而达到的现实和欲求的目的。

办学目标定位(伯顿·克拉克主张的学科信念要素)与高等职业院校目的因相对应。办学目标定位,对应于高等职业院校内部组织要素中的信念要素。办学目标定位是高等职业院校组织成员为高等职业院校组织个体确定办学目标以及高等职业院校在参照地域的预期位置。办学目标,或被称为办学愿景等,解决的问题是经过办学和发展,在终极意义的预设时间点位上,高等职业院校成为什么样和达到什么水平。高等职业院校成为什么样,是在预设的终极性的时间点位上,就办学能力而言的高等职业院校自身,表征高等职业院校本体办学目标。在本书中,高等职业院校本体办学目标,具体显现在高等职业院校的专业大类定位、服务对象定位和办学特色定位三个方面。在第三章到第六章,高等职业院校本体办学目标里面包括的办学理念,在本章被处理为独立与形式因相互对应。在预设的终极性的时间点位上,高等职业院校达到什么水平,是就高等职业院校在参照系统的相对位置而言的,表征高等职业院校相对关系办学目标。在本书中,高等职业院校相对关系办学目标体现在两个方面,一是高等职业院校办学影响所及的地理范围美誉目标,二是政府对高等职业院校所做的社会声誉评级状况。办学目标不同于办学目的。办学目标的对象是高等职业院校,办学目的的对象是人。办学目的,或被称为办学宗旨、办学使命等,解决的问题是高等职业院校办学为了什么,换而言之就是当前人们讨论的高等职业院校"为谁培养人"的问题。第一个问题中的"什么"与第二个问题中的"谁"是同一的。办学目标与办学目的的关系是,办学目标对于办学目的而言具有手段意义,办学目的决定办学目标,办学目标服务于办学目的。

与高等职业院校形式因相对应,办学理念即高等职业院校组织文化,或可称为办学思想。办学理念,是高等职业院校内部信念要素的重要内容,在现实中具体表现为高等职业院校的校训或者"学校精神"、校风、教风和学风等多种形式和内涵。办学理念是高等职业院校处在核心部位的文化构成,是高等职业院校组织中的个体成员集体共同构建的、对所在高等职业院校组织个性化运动发展的理性认识,解决的问题是高等职业院校怎样办理,是对高等职业院校办学行为的理性要求,相当于对高等职业院校自身办学的方法论。办学理念对高等职业院校内部组织成员具有普遍性,是高等职业院校组织内部成员思想和行为的共同准则,对其他高等职业院校及其成员则不完全适用。

学科信念与院校组织文化方面的组织结构要素和院校工作与知识层级方面的组织结构要素两个方面表里协调,对应于形式因(合并目的因)和质料因,复合构成高等职业院校本体。

至于动力因,对应的是举办主体对于高等职业院校的行政权力和高等职业院校内部的学术权力(伯顿•克拉克主张的权力要素)。这里不作研究,主要在第八章进行分析。

第八章

省域高等职业教育举办体制分类结构功能研究

本章将参照第七章的研究思路,接续对前面的第三、四、五、六章等四章内容所述及的对象,即省域高等职业教育组织体系中举办主体和办学主体以及两者之间结对形成的行政隶属关系,按照举办主体属性——省级政府⑥举办体制,其中包括省级行业厅局主管体制、省级教育厅局主管体制两种具体的举办体制形式,以及地级市政府举办体制、国有企业举办体制,一共分作三类四种,采用认识论还原方法,分别进行还原分析。

由于高等职业教育举办主体在与办学主体结对构成的行政隶属关系中发挥主导作用,所以,通过把握高等职业教育举办主体属性,能够把握高等职业教育举办主体和办学主体两者之间存在的行政隶属关系属性。要把握高等职业教育举办主体和办学主体两者之间的行政隶属关系属性,应当先把握办学主体内部对接举办主体的体制结构及其作用机制,进而在把握举办主体的属性分类结构和相应的办学主体的体制机制结构的基础上,整体地把握省域高等职业教育组织体系的内部结构。在把握高等职业教育办学主体的体制机制结构方面,笔者以博士学位论文为基础出版的专著《省域高职教育举办体制变革研究——基于行政隶属关系对河南省高等职业院校办学影响的分析》中,叙述到相关研究资料获取过程和分析比较(汤敏骞,2020:152-181)以及相应结论(汤敏骞,2020:181-186)。在 2017 年和 2018 年,笔者选择河南省四所行政隶属关系不同的高等职业院校——隶属于河南省人力资源和社会保障厅的 HNZY、隶属于河南省教育厅的 HSZY、隶属于鹤壁市人民政府的 HBZY 和隶属于河南能源化工集团有限责任公司的 YCZY(该公司为主办方,商丘市人民政府为协办方),分别对应作为河南省级行业厅局主管体制、省级教育厅局主管体制、地级市政府举办体制和国有企业举办体制的高等职业院校组织个体代表性案例,就对接举办主体的高等职业教育办学主体内部体制结构及其作用机制问题,联系和访谈各案例院校的人事处处长、财务处处长和教务处处长,收集整理各院校的人事管理体制、财务管理体制和教学管理体制受举办主体控制的运行状况及受访人对举办主体的变更意愿。限于时间等多方面的原因影响,当时对访谈资料的利用和思考未深,可供本书继续挖掘利用。在专著中,作者将省域高等职业教育组织体系的结构特点概括为"双层结构",其中举办主体方面的结构特点是"举办体制的差异性",办学主体层次的结构特点是"管理机制的趋同性"(汤敏骞,2020:186)。鉴于省域高等职业教育体系中的行政隶属关系本性没有出现变动,这一研究结论至今仍然成立。

从逻辑顺序和时间顺序意义上,结构处在功能之前,结构决定功能,功能也反作用于结构。借助于结构功能理论透视高等职业教育举办主体和办学主体之间的行政隶属关系可以看到,举办主体位于行政隶属关系的逻辑顺序和时间顺序意义上的上游,由于它主导行政隶属关系,从而在省域高等职业教育组织体系中处在结构意义的地位上。相应地,办学主体由于在行政隶属关系上处在与举办主体相对的位置上,也因而位于行政隶属关系的逻辑顺序和时间顺序意义上的下游,而且由于被举办主体所主导,就处在省域高等职业教育组织体系中的功能意义的地位上。省域高等职业教育组织体系所具有的功能,是举办主体通过行政隶属关系对办学主体发生作用得以实现的,体现为终端上的高等职业教育办学主体的办学状况。高等职业教育举办主体和办学主体之间存在的行政隶属关系,类比于逻辑上的因果关系,举办主体及其作用在行政隶属关系中为因,办学主体及其作用为果。高等职业教育举办主体和办学主体之间基于因果关系性质的行政隶属关系,建立起相互作用的工作机制。本书将根据结构功能理论,进一步挖掘原有访谈资料的理论价值,在原有研究的基础上,通过反思办学主体当前存在的功能表现问题,揭示举办体制自身存在的功能问题,进而提出举办体制功能对自身结构的应然性要求。

第七章通过进行针对省域高等职业教育组织体系中的举办主体和办学主体的本体论还原工作,既解析出省级行业厅局、省级教育厅局、地级市政府和国有企业四种举办主体的自身属性以及贴近于"技术"意义的四者顺次位序,又解析出办学主体内部组织要素与伯顿·克拉克提出的大学组织"三要素"理论相对应的质料因、形式因、目的因和动力因"四因",为本章对高等职业教育举办主体和办学主体之间的行政隶属关系进行认识论还原提供本体论基础。本章将采用本书第一章述及的结构功能理论和教育公平与教育效率关系理论两种理论基础，对应于伯顿·克拉克主张的大学组织要素理论中的权力要素和亚里士多德"四因说"中的动力因，对省域高等职业教育组织体系中的举办主体和办学主体之间的行政隶属关系分别进行认识论还原，比较四种举办体制的结构功能状况，为第九章揭示其中存在的功能问题和结构原因作逻辑准备。

第一节　省域高等职业教育举办体制分类结构比较

按照属性，省域高等职业教育组织体系中的举办主体划分为三类四种，与各自隶属的办学主体共同构成相应的举办体制。所谓省域高等职业教育组织体系中的"三类"举办体制，是指省级政府举办体制、地级市政府举办体制和国有企业举办体制等"三类"举办体制。所谓省域高等职业教育组织体系中的"四种"举办体制，是指作为一类的省级政府举办体制被划分为省级行业厅局主管体制、省级教育厅局主管体制两种具体的举办体制形式，连同"三类"举办体制中的另外两类举办体制（也是两种具体的举办体制形式），即地级市政府举办体制和国有企业举办体制，合称为"四种"举办体制。

詹姆斯（1965：50）基于"彻底的经验主义"哲学提出了关系理论，主张连接性和间断性的"意识流"是关系项之间的关系的质料性成分，可用来作为洞察贯穿不同组合的关系项建构的不同关系的一个理论线索，适于理解本书中不同的高等职业教育举办主体由以构成的四种不同的举办体制结构。在彻底的经验主义者看来，举办主体和办学主体都是经验的独立性的事物，两者作为部分意义上的关系项连接成经验的整体意义上的行政隶属关系，具有独立性的两个关系项基于不同程度的连接性，为着同一的目的而履行职责，形成在连接性上程度不同而性质相同的行政隶属关系。第七章第一节对四种举办主体基于贴近于"技术"意义而作的排序论证中，"贴近于'技术'"是四种举办体制即四种行政隶属关系中的举办主体与办学主体之间的性质相同而又程度不同的连接性。其中，"性质相同"体现为独立性事物之间的连接性所具有的性质上的同一性，即行政隶属关系的稠密性，显现为行政隶属关系的运动速度缓慢和直觉平稳状态，"程度不同"体现为独立性事物之间的连接性所具有的程度上的差异性，即行政隶属关系的稀疏性，显现为行政隶属关系的变化速度迅捷和表象状态转换。

一、省级政府举办体制

省级政府作为单一制国家内部结构方面与中央相对的地方上受中央政府直辖的最高层级的政权单位,基于宪法和法律,直接接受中央政府的政治和行政的普通授权,在辖区代表中央政府享有最高权力,对省级地方单元的公共性社会事务进行政治和行政治理。省级政府管辖的省域地方公共性社会事务包括高等职业教育等各级各类教育事务。高等教育地方化政策实施以后,省级政府分有的中央政府领导下的省域高等职业教育事务管理权、举办权得以显著扩大。在管理权方面,省级政府被中央政府授予在中央和省两级政府分权管理的新型高等教育管理体制中以省级政府为主的"省级统筹"教育决策权,作为举办主体基于受益和层级的原则承担省域教育事务财政支出的主体责任,以远超同为举办主体的地级市政府、国有企业的省级财力,直接向省属高等职业院校提供充足保障的财政性预算内办学经费。

(一)省级行业厅局主管体制——河南省人力资源和社会保障厅主管的HNZY为案例院校

省级行业厅局主管体制是省级政府举办体制的一种具体形式。省级行业厅局在贴近于"技术"的意义上处在四种举办主体由以构成的举办体制的第一位序。

就作为省级政府组成部门的行政职能而言,在高等职业教育行政管理方面,省级教育厅局为归口管理部门,主要负责提供综合政策和宏观指导,省级行业厅局为关联辅助部门,主要负责职责范围内的相关专业政策配合;在高等职业教育举办服务方面,省级行业厅局作为行业办学行政主管部门,在省级教育厅局的教育政策宏观指导下,按照省级政府划分的行业管理职能,分工管理各行业高等职业院校。省级行业厅局在改革开放以后的历次政府机构改革中都是机构更迭、职能整并的主要对象,所以,在省域高等职业教育组织体系中,行业高等职业院校的行政隶属关系变动显得频繁而又复杂。

在省级行业厅局主管体制中,省级行业厅局通过共建共享办学主体的人事管理体制、财务管理体制和运行体制,建立举办主体和办学主体在同一个行政隶属关系的连接性,但教育教学业务主要接受省级教育厅局的管理与指导。省级行业厅局出于社会行业公共利益和部门自身专属利益,处理所属的1～2所高等职业院校的人事、财务和教学事务。省级行业厅局出于同时主管相关行业事务和所属高等职业院校的行政职能,具有使所属高等职业院校和所属行业企业出于行政指令实现产教合作和工学结合的职责便利,所属高等职业院校办学因此易得行业特色,但干部人事、预算拨款和专业教学等教育事务都体现出"非教育性"的行业意志痕迹,从而使不同行政隶属关系的行业高等职业院校因为受到不同的行业意志、行业产业政策或者行业财政政策等行业因素影响,呈现出不同的甚至是不均衡的运行状态。另外,省级行业厅局及其所属高等职业院校两个主体都要接受省级教育厅局的教育政策指导,省级行业厅局主管的高等职业院校由以形成来自省级行业厅局的行政管理、省级教育厅局的业务指导的所谓"双重管理"体制,使得干部人事、预算拨款和专业教学等教育事务又都必须符合或者贴近"教育性"的行政意志,行业高等职业院校呈现出在"行业性"和"教育性"之间的不同中间状态上摇摆分布的办学特点。

案例高等职业院校 HNZY 受访人接触和了解过省级教育厅局主管高等职业院校的教育事务运行状况,没有思及高等职业教育对举办主体性质的特殊要求,认为在省属高等职业院校中,省级教育厅局主管高等职业院校与行业高等职业院校相比较享受教育政策的机会平等而又程度充足,在访谈中表达出调换行业高等职业院校原有省级行业主管部门,转而接受省级教育厅局主管的愿望。受访人针对的行业高等职业院校运行中享受教育政策的遭遇并非出于举办体制逻辑,而是由偶然性的人为因素造成的,不能构成颠覆该行政隶属关系的根据。

在"彻底的经验主义"关系理论看来,省级行业厅局基于切近"技术"的自身属性而与所属高等职业院校形成的行政隶属关系在质料构成上是最为密集的。这种行政隶属关系具有高密度的连接性,因而在运动上变化的速度缓慢,运行态势平稳而又持久。但是,在同型省级行业厅局主管体制中,行政隶属关系的不同状态对不同的行业高等职业院校运行产生影响的方式和导致的结果各不一样,使行业高等职业院校运行呈现出多样化的速度和状态样式。

(二)省级教育厅局主管体制——河南省教育厅主管的 HSZY 为案例院校

省级教育厅局主管体制是省级政府举办体制的另外一种具体形式。省级教育厅局在贴近于"技术"的意义上被考虑安排在四种高等职业教育举办主体由以构成的举办体制的第二位序。

就作为省级政府组成部门的行政职能而言,在高等职业教育行政管理方面,省级教育厅局作为归口综合管理部门,主要负责调研制定宏观政策和指导实施政策;在高等职业教育举办服务方面,省级教育厅局出于自身行政职能,主管少数综合性的高等职业院校(河南省教育厅 2015 年主管 6 所直属高等职业院校),被认为是代表省级政府办学,被赋予为非教育行政部门的其他举办主体提供办学示范样板的功能,从而具有行业部门办学超越性、地级市政府地域办学超越性和国有企业办学超越性。

在省级教育厅局主管体制中,省级教育厅局按照办学规范指导办学主体建立和运行人事管理体制、财务管理体制和教学管理体制,完善两者同构行政隶属关系的连接性。省级教育厅局在改革开放以后的历次行政体制改革中都被保留作为省级政府独立机构,出于社会公共利益、中央和省两级政府机构改革设计和部门自身利益,处理建校自始直属和行政主管部门教育职能裁撤而被转属的高等职业院校的人事、财务和教学等管理事务。省级教育厅局不具有省级行业厅局的切近"技术"的行业优势,无法帮助所属高等职业院校直接获取产教合作和工学结合的教学条件等"行业性(技术)"内涵办学条件,但具有掌握和谙熟教育规律和高校规范的职能特点,便于引导所属高等职业院校凸显"教育性"的主体优势,归口部门确定和单一便于所属高等职业院校的人事、财务和教学等逐项事务都能按照体制机制规则顺畅运行,避免出现行业高等职业院校因为受到差异性行业因素牵制而导致的总体不均衡状态。

案例高等职业院校 HSZY 的诸位受访人在谈及干部人事、财务和教学等各自部门负责业务时,均表示运行平稳顺畅,具有相对于其他省属行业高等职业院校的比较优势。由于该案例高等职业院校各位受访谈人长期在"(依据)政策办学"的环境里,不能在本质上思及高等职业教育对举办主体性质的规定性要求,难以发现省级教育厅局办学存在"行业性"缺失的先天不足(HSZY 多年历史积累的行业办学的深厚基础对此提供有效填补)。HSZY 是河南省高等职业院校中综合兼容举办主体的"教育性"连接性和办学主体的"行业性"连接性的成熟案例。总之,省级教育厅局主管体制结构呈现出具有清晰的"教育性",但"行业性"有所欠缺的总体特点。

从"彻底的经验主义"关系理论看,省级教育厅局并非基于切近"技术"的自身属性,而是出于行政职能与所属高等职业院校形成"教育性"凸显的行政隶属关系,这种行政隶属关系中的"行业性"成分并不稠密。就高等职业教育中由举办主体与办学主体之间存在的行政隶属关系的连接性而言,省级教育厅局主管体制其中的"教育性"相对充足与"行业性"相对不足并存,"教育性"在运动上变化的速度缓慢因而清晰稳定,"行业性"运行态势波动而显稀疏。如果行政隶属关系中举办主体的"行业性"连接性不能提供有效支撑,就需要办学主体自身予以着力填补和加强。

二、地级市政府举办体制——鹤壁市人民政府举办的 HBZY 为案例院校

地级市政府举办体制是目前省域高等职业教育组织体系中与省级政府举办体制、国有企业举办体制并列为三类的其中一类,也是省域高等职业教育举办体制的一种具体形式。地级市政府在贴近于"技术"的意义上,出于缺失和需求的视角,被考虑安排在省域高等职业教育举办体制结构中的第三位序。

就在地域和人口上作为省域组成部分,在政治和行政上接受省级政府授权对辖区行使治权的二级地方政府单位而言,地级市政府并不具有法律赋予的或者高层级政府授予的高等职业教育行政管理权,但为使辖区社会经济保持良性运行态势,应直视辖区地理边界内部的高等职业教育供给缺失和居民教育需求并存,行业企业"技术"方面供给薄弱,创新缺失的结构性矛盾及其人力需求等居民、行业的教育、技术供给与缺失,溢出与内需状况,就地创造条件举办 1 所以上综合性的高等职业院校。地级市政府办学是在单一制国家结构里相对于中央的地方层面上,独立于省级政府办学的二级地方政府办学,目的是就近直接应对地方性存在的、针对性缺失的辖区教育、技术和人力需求,分解省级政府办学的目标和任务。地级市政府举办高等学校的做法在20 世纪 80 年代起步,1985 年《中共中央关于教育体制改革的决定》文件里地级市政府被确认得到办学资格,2000 年省级政府获得中央政府授予的高等职业学校设置审批权限以后,地级市政府办学得以乘机大力发展。

在地级市政府举办体制中,按照中央政府和省级政府相关职能部门制定的办学规范,地级市政府领导所属高等职业院校,向所属高等职业院校供给土地房屋、干部师资、资金设备等硬件资源,实行政策和资金倾斜大力支持HBZY 校区工程建设,两者产生行政隶属关系上的连接性,省级教育厅局提供教育教学业务管理与指导,市属高等职业院校建立对接举办主体或管理主体的干部人事、财务和教学等内部事务管理体制和运行机制。地级市政府既不具有省级行业厅局的切近"技术"的行业优势,无法帮助所属高等职业院校获取"行业性(技术)"内涵办学条件,也不具有省级教育厅局的"教育性"专长职能,缺失指导所属高等职业院校理解教育逻辑和范导办学规范的业务能

力,唯一凸显的特点是所属高等职业院校的人才、技术和教育服务受限于辖区地理边界所表现出的地方附随性,或者称之为"属地性",但这又与人才流动的结构性外溢、技术交流的地域超越性相互矛盾。

案例高等职业院校 HBZY 诸位受访人谈及当前行政隶属关系影响下所在高等职业院校的干部人事、财务和教学等各自部门业务状况。在干部人事方面,多位受访人谈及该校缺乏人事自主权,干部选任、人员编制、教师职称等核心事务均由该市市委组织部门或者该市人力资源和社会保障部门严格控制,导致待遇问题等多种因素叠加综合作用,出现人才流失现象。在财政拨款方面,该市财政部门对 HBZY 资金管理科学、操作规范,但拨款额度不敷办学需求,以至于受访人提出该校举办权可被上收归于省级政府甚或归口河南省财政厅主管等在行政隶属关系上的大胆设想,认为唯有这样,地级市政府办学才能实现办学资金脱困。在教学方面,鹤壁市政府敢于放权,HBZY 与该市教育行政部门基本不发生工作关系,教育教学业务直接接受河南省教育厅的管理和指导,教育教学管理体制和运行机制与省属高等职业院校、国有企业举办高等职业院校相比没有突出的差异。总之,地级市政府举办体制的结构特征是,既缺乏省级行业厅局主管体制的"行业性"特点和省级教育厅局主管体制的"教育性"特点,却又具有蕴涵着负面效应的"属地性"特点。

以"彻底的经验主义"关系理论观照,就高等职业教育中的举办主体与办学主体之间的行政隶属关系连接性而言,市属高等职业院校的"行业性"与"教育性"双重不足,还蒙受着"属地性"的自我限制。应该说,地级市政府举办体制结构存在着先天性的内在缺陷,就理论思考而言不易补充完善。

三、国有企业举办体制——河南能源化工集团有限责任公司为主办方、商丘市人民政府为协办方的 YCZY 为案例院校

国有企业举办体制是目前省域高等职业教育组织体系中与省级政府举办体制、地级市政府举办体制并列为三类的其中一类,也是省域高等职业教育举办体制的一种具体形式。国有企业对于"技术"而言是自有者和直接操作者,在贴近于"技术"的意义上,国有企业超过省级行业厅局,省级教育厅局和地级市政府就更不必提及了。但是,国有企业受制于营利的目的,对于具有政治属性的举办高等职业教育的公益性社会责任行动出于目的上的排斥而使它被取消举办主体资格,故而国有企业举办体制被考虑安排在省域高等职业教育举办体制结构的最后位序。由于高等职业教育人才须在(国有)企

业职业环境接受岗位技术的淬炼和检验,从而获得切实的生产技术和从业经验,所以,高等职业教育过程不能离开(国有)企业。国有企业,甚至扩展到一般意义上的企业,或许只是对高等职业教育而言的"利益"相关方。德国"双元制"职业教育由企业主导和以学校为辅的"双元"主体并行,从始至今一直接受政府多个行业职能部门的管理以及行使公共职能的行业协会主导,其中自有德国的历史文化原因。德国"双元制"职业教育既不同于这里述及的中国省域高等职业教育的国有企业举办体制,也不同于前述省级行业厅局举办体制。德国"双元制"职业教育的成功经验并不自然适用于中国高等职业教育的国有企业举办体制,其逻辑须经过"本土化"才能嫁接成活。

在国有企业举办体制中,国有企业与办学主体同构行政隶属关系的连接性,建立和运行所属高等职业院校的人事管理体制、财务管理体制,教育教学业务接受省级教育厅局的管理和指导。中华人民共和国成立以后,面对百废待兴、坚定发展工业化的国家现代化战略,国有企业无不承担着包括办教育在内的"办社会"职能。改革开放以后直至当前,个别大型国有企业承担的大部分非企业职能被剥离交付驻地政府,仍然保留着办教育的社会职能。国有企业尽管具有超越其他举办主体的切近"技术"的本性优势,掌握着前沿先进的、数量庞大的生产设备和知识技术深厚精湛的专业人员,所属高等职业院校教育教学所需产教合作和工学结合的软件硬件一应俱全,看似唾手可得的教学条件受制于技术、资金和市场等多种因素综合作用的复杂严密的企业生产周期规律要求,不能与高等职业院校的教育教学运行在时间上和逻辑上同步对接,国有企业的技术、设备等资源无法为应对所属高等职业院校教育教学业务需要而随用随动。在国有企业举办体制中,国有企业目的上的"营利性"、技术上的"商密性"与高等职业院校的"公益性"三者不易达成有机兼容的同一逻辑,因而具有不同于其他举办体制的自有特殊性。

案例高等职业院校YCZY并非纯粹的国有企业举办体制。按照投资协议,国有企业基于认缴出资额而拥有对该校的70%股权和办学责权,基于实缴出资比例分享合理回报,因而成为该校的主办方,从而奠基该校的国有企业为主的举办体制;该校其余的责权由协办方商丘市人民政府承担和分享。在访谈中,该校的诸位受访人谈及干部人事、财务和教学等各自部门负责业务,均表示运行极不顺畅,认为该校是在两不待见中艰难求生。YCZY虽背靠大型国有企业,却不易获得办学应有的"行业性"。虽名为地级市政府协助办学,但该校不在地级市政府所驻城区,地处偏居一隅的县级城市,缺失"地利"阻隔地级市政府直接支持,因而不易获得市属高等职业院校统有的"属地性"。该校建校基础为中等师范学校,转型举办高等职业教育已属勉力而为,办学困局中单纯依靠自身基础想要加强"行业性"甚或"教育性"都力不从心。稍可告慰的是,作者现场访谈以后的两年时间里,该校由国有企业为主的举办体制变更为地级市政府独立出资的举办体制(刘福奎,2019)。预料从两家共同办理转换为一家单独办理,实现举办体制转换以后,该校将逐渐迈上正常发展之路。在该案例高等职业院校的举办体制变迁历程中,国有企业从强力入主到彻底退卸变换陡然,将引发对高等职业教育国有企业举办体制的新的思考。

依据"彻底的经验主义"关系理论,国有企业基于掌握"技术"的自身属性,与所属高等职业院校形成基于"行业性"的行政隶属关系连接性,这种行政隶属关系中的"行业性"成分必然稠密。如果国有企业以营利为目的,罔顾高等职业教育的公益属性,就像在案例高等职业院校 YCZY 中所表现的那样,在与 YCZY 建立的行政隶属关系连接性中并不施放"行业性",投入的只是谋求自身增值的资金,这种行政隶属关系中的"行业性"与"教育性"将会双重稀疏,使行政隶属关系陷入波动态势而显脆弱并最终消失。

第二节　省域高等职业教育举办体制分类功能比较

省域高等职业教育举办体制功能,即在省域高等职业教育组织体系中,举办主体对办学主体作用以后,办学主体所产生的功效。所以,办学主体的功能,反映出的就是省域高等职业教育举办体制的功能。

在对省域高等职业教育组织体系中的举办体制分类进行功能评价时,选取两种量化指标数据作为评价依据。一个指标是,各类举办体制中的"一、信念要素:高等职业院校办学目标定位概况""(二)高等职业院校相对关系办学目标概况"中的"2. 社会声誉评级状况"政府项目评级数据,该项数据能体现相应的高等职业院校及其所依托的举办体制功能的相对水平,具体情况详见表 8-2-1。另一个指标是,各类举办体制中的"二、工作要素:高等职业院校专业设置概况""(二)'差异化'特点"中各高等职业院校的专业设置数据,该项数据能反映相应的高等职业院校及其所依托的举办体制功能的自身状况,具体情况详见表 8-2-1。

一、省级行业厅局主管体制功能分析

2015 年河南省属高等职业院校的举办主体,不包括河南省教育厅,另有 13 个省政府组成部门、1 个省级部门管理机构、1 个省级地方法律监督机关,一共有 15 个非教育部门的省级行业厅局(省级地方法律监督机关权且列入)举办高等职业院校。其中除河南省工业和信息化委员会主管 2 所高等职业院校以外,其他 14 个省级行业厅局都只主管 1 所高等职业院校。16 所省级行业厅局主管高等职业院校的地理布局是,河南省省会郑州市有 11 所(占省级行业厅局主管高等职业院校总数 16 所的 68.75%),洛阳市 2 所及焦作市、安阳市、南阳市各有 1 所(占省级行业厅局主管高等职业院校总数 16 所的 31.25%)。大多数高等职业院校在所隶属的省级行业厅局驻地办学,省级行业厅局都会出于自己的行业管理职能和办学指导职责,利用地理距离就近的便利性,对所主管的高等职业院校提供行业性办学指导意见。

省级行业厅局主管的高等职业院校办学定位的特点如下。第一,高等职业院校都能够基于所隶属行政主管部门的行政职能性质,定位整个学校的学科性质归属,或者通过行业性的专业设置体现学校的专业性质。这些体现高等职业院校行业属性的传统专业多数已经发展成为优势专业。第二,高等职业院校的行政主管部门都是省级行业厅局,服务对象一般是省域行业,因而服务面向定位的地理范围大多数是立足行业,立足河南,只有 4 所高等职业院校提出要在全国获得办学知名度。第三,有 3 所省级行业厅局主管的高等职业院校颇具前瞻性地提出了试办本科层次职业教育的发展目标,在省级行业厅局主管高等职业院校总数中占比 18.75%,在省域高等职业院校总数中占比 6.82%。这种提法,在 2015 年出现只是表明这些高等职业院校所具有的办学雄心,当时相关的政策并不成熟,短短几年过去,中央层面的政策已经出台成为现实。新的政策将推动省域和全国高等职业教育进入新一轮的竞争,成为未来检验各种高等职业教育举办体制功能的"试金石"。

省级行业厅局主管高等职业院校在社会声誉评级方面取得政府项目的数量和等级吻合于所在省域高等职业教育组织体系中的核心地位和作用。就以"国家示范性高等职业院校建设计划""中国特色高水平高职学校和专业建设计划"两个中央级政府项目来说,在河南 4 种高等职业教育举办体制中,省级行业厅局主管高等职业院校所得声誉评级的数量的绝对数及其在省域各项声誉等级总数中所占百分比都十分突出,超过省级教育厅局主管高等职业院校 10 多个百分点。这些事实表明,省级行业厅局主管体制下高等职业院

表 8-2-1　河南省高等职业教育举办体制功能分类评价表

类别	分类总数（所）	国家示范性（骨干）高等职业院校建设计划（所）占省本类总数比%	入选（所）	占省入选总数比%	"双高计划"（所）占省本类总数比%	入选（所）	占省总数比%	河南省示范性高等职业院校建设计划（所）占省本类总数比%	入选（所）	占省入选总数比%	占省总数比%	河南省职业教育品牌示范院校和特色院校建设行动计划（所）占省本类总数比%	入选（所）	占省入选总数比%	占省总数比%	专业设置 总数（个）	专业设置 平均（个）
		社会声誉评级状况															
省级行业厅局主管体制	16	18.75	3	42.86	18.75	3	6.82	31.25	5	22.73	11.36	62.50	10	26.32	22.73	499	31
省级教育厅局主管体制	6	33.33	2	28.57	33.33	2	4.55	66.67	4	18.18	9.09	100	6	15.79	13.64	274	46
地级市政府举办体制	20	5	1	14.29	5	1	2.27	50	10	45.45	22.73	95	19	50	43.18	750	38
国有企业办体制	2	50	1	14.29	0	0	0	50	1	4.55	2.27	100	2	5.26	4.55	87	44
合计	44		7			6			20 (+2①)				37 (+1②)			1610	40

① 其中有 2 所为地方短期职业大学，因不属于本书的研究对象，故本表的"合计"未计入 20 所之中。表中其他对应的百分比数值以 22 所为总数求得。

② 其中有 1 所为地方短期职业大学，因不属于本书的研究对象，故本表的"合计"未计入 37 所之中。表中其他对应的百分比数值以 38 所为总数求得。

校的办学实力和办学水平,在河南省内四种高等职业教育举办体制中,稳居第一。

省级行业厅局主管高等职业院校的专业设置平均数,在省域四种举办体制中,名列第四。原因有两个方面。其一,省级行业厅局办学受行政主管部门的行业属性面向狭窄的影响,行业高等职业院校专业设置先天地受"行业性"局限。其二,护理行业、警察行业、推拿行业、检察行业等特殊行业性质的高等职业院校,举办高等职业教育的历史偏短,受政府管理和社会需求等因素的影响,无法扩大专业设置数量。

在省域四种高等职业教育举办体制中,省级行业厅局主管体制举办教育的平均年限最为悠久。省域四种举办体制举办教育的平均年限(截止年份2022年计算在内)顺序为:第一,省级行业厅局主管体制,60.38年;第二,省级教育厅局主管体制,59.00年;第三,地级市政府举办体制,57.25年;第四,国有企业举办体制,56.50年。省级行业厅局主管高等职业院校由于具有强大的行业支持和广泛的行业联系,在课程内容组织与实施、校企合作育人等大学工作要素方面都能真做、做真,教学改革深入细致,充分体现行业办学的特色和优势。

在省域四种举办体制举办高等职业教育的平均年限顺序中,省级行业厅局主管体制排在末位。省域四种举办体制举办高等职业教育的平均年限(截止年份2022年计算在内)顺序为,第一,国有企业举办体制,19.50年;第二,省级教育厅局主管体制,17.83年;第三,地级市政府举办体制,16.80年;第四,省级行业厅局举办体制,14.94年。省级行业厅局举办体制位序落后的原因在于,第一,对于高等职业教育而言,省级政府组成部门中的教育部门、行业厅局,哪一类政府部门适合作为举办主体,理论上和政府内部没有形成清晰和一贯的认识。到目前为止,政府基于20世纪90年代全国普通高等教育管理体制改革的惯性认识,仍然指导着现实中的教育体制改革。第二,政府政策研究中没有识别出高等职业教育具有与普通高等教育不同的特殊规定性,不加科学区别地明确反对省级行业厅局举办高等职业教育,对于省级行业厅局举办高等职业教育是限制和谨慎的。

省级行业厅局主管高等职业院校存在的严重不足是高等教育理念缺失,大学办学理念薄弱,表现为大学信念要素空洞虚浮。省级行业厅局主管高等职业院校的升格基础主体多为数家中等专业学校合并,或者中等专业学校与名存实亡的行业职工大学拼凑。被批准升格以前,多数升格基础主体先期挂靠一所普通本科高等学校联合招生举办高等职业教育,积累取得高等教育举办经验。基于如此薄弱的办学基础和仓促的高等职业教育办学历程,难以形成成熟的大学精神文化。这一方面的问题,并不是省级行业厅局办学独有,而是在高等职业教育领域各种举办体制下都在发生的普遍现象。故而,高等职业教育要办得成功,举办主体、办学主体等从业者需要经过长时间的孤勇沉潜,在观念上多轮淘洗更新,迈向高等教育层面。

二、省级教育厅局主管体制功能分析

在省级政府组成部门中,省级教育厅局主管高等职业院校、大学以及其他类型和层次的学校教育机构的传统做法,从中华人民共和国成立之初就确定下来,被认为是代表省级政府办学。2015年河南省教育厅主管的高等职业院校中,郑州信息科技职业学院的行政隶属关系从办学开始始终没有改变过,其他5所高等职业院校中,有2所中央行业部委院校(郑州铁路职业技术学院、黄河水利职业技术学院)下放河南省级地方政府,另外3所原本隶属于河南省政府其他行业厅局,在省级政府机构改革中调整转隶。6所省级教育厅局主管高等职业院校的地理布局是,河南省省会郑州市有5所(占省级教育厅局主管高等职业院校总数6所的83.33%,超出省级行业厅局主管高等职业院校布局省会城市占比数14.58%),地级市开封市1所(占省级教育厅局主管高等职业院校总数6所的16.67%,低于省级行业厅局主管高等职业院校布局省会以外城市占比数14.58%)。省级教育厅局主管高等职业院校在省内的地理布局特点与省级行业厅局主管高等职业院校相当。

省级教育厅局主管高等职业院校办学定位的特点表现在以下两个方面。一,5所转隶河南省教育厅的高等职业院校所具有的原隶属行业部门行政职能性质奠基的鲜明的专业特色,成为这些高等职业院校的标志性办学特色,在新的举办体制中得到放大和提升。其中突出的是黄河水利职业技术学院。该校经过将近一个世纪的积累和发展,办学实力、办学特色和办学水平得到全国的承认,一举登顶当前正处在建设期的中央政府层级项目"双高计划"名单中的第一类的高水平学校建设单位(A档)。二,由于省级教育厅局办学是自我定位为代表省级政府办学,要对省域其他举办主体办学发挥"示范性"作用,相应地所主管的高等职业院校的服务对象定位在地理范围上是"省内一流"甚或"全国一流",专业结构、教学改革都表现出综合性特点和领先性意愿。

省级教育厅局主管高等职业院校在社会声誉评级方面取得政府项目的数量和等级吻合于自身定位和所主管高等职业院校的定位。在"国家示范性高等职业院校建设计划""中国特色高水平高职学校和专业建设计划"两个中央级政府项目中,在4种高等职业教育举办体制中,省级教育厅局主管高等职业院校所得声誉评级的数量、等级都是顶级和领先的,数量上在各声誉等级总数中的占比超过地级市政府举办体制高等职业院校(在"国家示范性高等职业院校建设计划"省域入选总数中所占百分比28.57%,超过地级市政府举办高等职业院校入选数所占百分比14.29%,其差额为14.28%,在"双高计划"省域入选总数中所占百分比33.33%,超过地级市政府举办高等职业院校入选数所占百分比16.67%,其差额为16.66%)。省级教育厅局主管的黄河水利职业技术学院在"双高计划"中的位置远超省域其他高等职业院校,省级教育厅局主管的郑州铁路职业技术学院在"双高计划"中也有不俗的表现。这些事实表明,高等职业院校如果充分利用当下的由省级教育厅局主管的举办体制条件,会进入自我实现意义上的发展状态。反过来,与黄河水利职业技术学院、郑州铁路职业技术学院现下同样都隶属于河南省教育厅,甚至从来都没有改变过行政隶属关系的郑州信息科技职业学院却始终表现平庸。这一对比所存在的极大反差引人思考,省级教育厅局主管体制相比较省域其他举办体制的合法性和优越性是否真实存在?

省级教育厅局主管高等职业院校的专业设置平均数,在省域四种举办体制中,名列第一。原因主要在于,省级教育厅局办学受行政主管部门定位为"政府办学"的影响,专业设置尽量向"综合性"靠拢以体现"政府办学"面向省域社会的全面性。

三、地级市政府举办体制功能分析

2015年河南省政府辖下的16个地级城市(焦作市未计入),加上1个副地级城市,其中除河南省的省会城市郑州市举办3所高等职业院校,地级城市许昌市举办2所高等职业院校以外[⑥],其余15个地级城市(含副地级城市)各自举办1所高等职业院校。2015年,河南省内由地级市政府举办的高等职业院校一共有20所。该年度河南全省的地级城市中,只有焦作市政府没有举办高等职业院校,但焦作市辖区驻有省级行业厅局主管高等职业院校1所,即河南省工业和信息化委员会主管的河南工业和信息化职业学院。在20所地级市政府举办高等职业院校的地理布局方面,河南省的省会城市郑州市独立举办 3 所高等职业院校,在地级市政府举办高等职业院校 20 所总数中占比为 15%;地级城市许昌市独立举办 2 所高等职业院校,在地级市政府举办高等职业院校 20 所总数中占比为 10%,位列河南全省地级城市举办高等职业院校数排行第二位;其余 15 个地级城市各自举办 1 所高等职业院校[⑦],在地级市政府举办高等职业院校 20 所总数中占比同为 5%。20 所地级市政府举办高等职业院校都在地级市政府驻地城区办学,既便于地级市政府对所属高等职业院校办学进行指导管理,也便于高等职业院校占据"地利"向地级市政府辖区全域进行教育辐射。

地级市政府举办高等职业院校办学定位的特点如下。第一,有在地级市政府举办高等职业院校总数中占比 70%的高等职业院校提出立足所在地级市办学,表明市属高等职业院校多数安守地级市政府办学初衷,将办学定位目标确定为"省内知名""全省一流"等;有在地级市政府举办高等职业院校总数中占比 40%的高等职业院校提出立足所在省域或者区域办学,将办学定位目标确定为"面向全国""国内知名"等,显示出高远的办学追求。在这两种办学定位中,市属高等职业院校认识到办学地理起点和办学地理目标之间存在着不可跨越的因果关联性,体现相关高等职业院校确定办学定位的审慎和实际。也有在地级市政府举办高等职业院校总数中占比 20%的市属高等职业院校提出办学立足行业,是基于这些高等职业院校原有的建校基础主体行业特色鲜明,表明地级市政府举办高等职业院校办学目标定位的多样化倾向。第二,市属高等职业院校通常是由多所中等专业学校合并而来,举办高等职业教育的历史不长,其中在地级市政府举办高等职业院校总数中占比 80%的高等职业院校都在办学目标、办学理念或者办学思路方面反映出特色化办学的自我要求。这样的提法符合市属高等职业院校的办学基础实际,便于高等职业院校集中力量,在时间限制范围内取得理想的办学成绩。第三,有 5 所地级市政府举办的高等职业院校提出发展本科层次职业教育的办学目标,在地级市政府举办高等职业院校总数中占比 25%(超过省级行业厅局主管高等职业院校 6.25%),在省域高等职业院校总数中占比 11.36%(超过省级行业厅局主管高等职业院校 4.54%)。市属高等职业院校的如此举动表明所隶属地级市政府对此予以高度支持,也显示市属高等职业院校对办学实力的自信和对办学目标的追求。从市属高等职业院校相比较省级行业厅局办学的综合实力和办学水平而言,市属高等职业院校应该加强内涵建设,着力精神育人,这才是自身发展和参与竞争的不败之本。

地级市政府举办高等职业院校在社会声誉评级方面取得政府项目的数量和等级与其在省域高等职业教育组织体系中的规模相比较显得不尽人意。以"国家示范性高等职业院校建设计划""中国特色高水平高职学校和专业建设计划"两个中央级政府项目来说,地级市政府举办的高等职业院校所得声誉评级的数量和等级都低于省属高等职业院校,而且不同的"榜单"里上榜的高等职业院校都各不相同,表明市属高等职业院校在建设和发展方面表面上存在的不稳定性问题,或许预示着市属高等职业院校存在着发展上的内在逻辑问题。

地级市政府举办高等职业院校的专业设置平均数,在省域四种举办体制中,名列第三,略强于第四位序的省级行业厅局主管高等职业院校,低于第一位序的省级教育厅局主管高等职业院校和第二位序的国有企业举办高等职业院校。这一顺序位置与地级市政府举办体制在省域四种举办体制举办教育的平均年限顺序中的位置、在省域四种举办体制举办高等职业教育的平均年限顺序中的位置两个方面具有一致性,似乎可以推定造成这一顺序的原因与省域四种举办体制举办教育的平均年限顺序、省域四种举办体制举办高等职业教育的平均年限因素相关。

市属高等职业院校的历史和现实情况是,在市域范围内,组合升格的建校基础主体由于行政隶属关系、办学类型复杂,经费关系、地理空间等要素整合难度偏大,要理顺各种管理关系和复杂的内部关系需要经过漫长的时间过程。另外,由于政府的各方面政策尤其是社会政策和经济政策要根据环境和人的动态需要逐步调适,当前举办高等职业教育的制约因素呈现出不同于社会平稳时期所具有的可预期性的复杂化特点。相关高等职业院校要对外部环境进行研究,内部应加强理念、师资、专业、设备等多种意义上的教育资源整合,在形式和质料两个方面都要实现一体化。

四、国有企业举办体制功能分析

2015年,河南省域有两个河南省政府直管的国有企业各自举办一所高等职业院校,其中河南能源化工集团有限责任公司作为主办方的永城职业学院另有一个地级市政府——商丘市人民政府作为协办方。两所国有企业举办高等职业院校的地理布局情况是,中国平煤神马能源化工集团有限责任公司举办的平顶山工业职业技术学院地处河南省地级城市平顶山市,该校所在地即举办主体总部所在地;河南能源化工集团有限责任公司主办的永城职业学院地处河南省的县区级城市永城市,该校所在地偏离作为主办方的举办主体总部所在地郑州市。永城职业学院所在的永城市由其地理位置所在的河南省地级城市商丘市政府代管。

国有企业举办高等职业院校办学定位的特点如下。第一,两个国有企业均以煤炭化工业为主营业务,所属两所高等职业院校均提出"立足企业,依托行业"的办学方向定位,以为举办主体生产经营业务及其就近所及的区域需要提供教育服务作为服务对象目标,设置和发展煤炭化工业相关专业;第二,两所高等职业院校都注重特色办学,其中平顶山工业职业技术学院提出建设以煤炭及煤炭相关专业为特色专业,永城职业学院提出"政、校、企三方联动"确立为河南煤炭企业服务的办学特色;第三,永城职业学院2004年6月成立时的学科和师资以师范教育为办学特色,2010年改制由国有企业主办调整办学方向以后,师资队伍的专业结构没有相应改善,而以"逐步完成职业教育向应用型普通本科教育转型"为办学目标,表明该校对于举办高等职业教育的发展方向欠缺足够的定力,没有遵从高等学校要实现组织发展,需要举办体制内的举办主体和办学主体协调一致的内生逻辑,以及组织自身需要形式与质料融合为一的形而上学原理。

在社会声誉评级方面,以"国家示范性高等职业院校建设计划""中国特色高水平高职学校和专业建设计划"两个中央级政府项目来说,平顶山工业职业技术学院基于曾经入选和完成"国家示范性高等职业院校建设计划"的办学基础,提出"建设国内一流、世界知名的高等职业院校"的以地理范围美誉为尺度的办学水平目标,遗憾的是该校在"双高计划"中再没出现。国有企业举办体制在社会声誉评级方面的"急转弯"表现,警示所属高等职业院校应该把集中精力"练好内功"以维持稳定的办学能力作为基本的工作要求。平顶山工业职业技术学院办学进程中的如此表现,与上文述及的地级市政府举办高等职业院校在社会声誉评级方面出现的状况是一样的。国有企业办学和地级市政府办学所出现的迥异于省域其他举办体制的表现,所指向的举办体制内生性原因值得深思。

国有企业举办高等职业院校的专业设置平均数,在省域四种举办体制中,名列第二,低于第一位序的省级教育厅局主管高等职业院校,却又强于第三位序的地级市政府举办高等职业院校、第四位序的省级行业厅局主管高等职业院校。这一状况表明在省域四种举办体制中,国有企业举办体制具有专业布点上的数量优势。

在国有企业举办体制中,举办主体的社会职能是制造物质产品,目的是追逐物质产品交易带给自身的财富收益,接受基于政治和行政权力外加的举办高等职业教育的社会责任,并无内驱力。政府部门基于社会居民的授权契约受托行事而获与合法性相应的公共性,出于维持存在的必要须履行社会契约托付的公共服务责任,举办具有公益性的高等职业教育是应有之义。基于目的论的企业并不自动具备政府行事那样的公共性动力因,这是一个逻辑上无解的悖论。在企业与高等职业教育的关系上,另外一个问题是,有一种主张认为,企业是高等职业教育的重要主体,理由是高等职业教育需要得到企业提供技术、设备、场地、技师等生产资源,匹配训练高等职业院校在读学生掌握技术,否则高等职业教育无法完整地实施教学进程,无法完整地实现人才培养规格。在高等职业院校及其举办主体看来,企业如能参与或者支持高等职业教育微观过程,高等职业教育就建构了完备的运行机制。在现实层面上,企业参与高等职业教育显得"不情不愿",企业在高等职业教育发展中的现实表现与政策设计者预期的"重要主体"地位和作用不能匹配。这一局面的启示是,在高等职业教育和企业之间应寻求建构企业内生主动性的社会机制,使高等职业教育在企业的稳定支持下走上良性的、持续的发展态势。

第九章

省域高等职业教育举办体制问题和原因及未来走向分析

本书在第三、四、五、六章以河南省高等职业教育为例，分别呈现了省级教育厅局、省级行业厅局、地级市政府和国有企业四种举办体制下举办主体的概况、办学主体的作为组织信念要素的办学目标定位和作为组织工作要素的专业设置等内部组织要素的构成情况。

第七章以组织生态学理论为依据，将河南省域高等职业教育组织体系对应建立为具有整体和部分结构的划分内部层次的省域高等职业教育组织生态群落，对处在种群组织水平中间层次的四种举办体制进行分析，以高等职业教育本质映射的贴近于"技术"判据观照省域高等职业教育组织体系内嵌的一分为四的举办体制结构，在同一个逻辑尺度下确证四种举办主体各自的"合法性"。办学主体的办学目标定位、办学理念、专业设置，在形而上学意义上，还原为构成本体的目的因、形式因和质料因，并获得与本体中的目的因、形式因和质料因三因关系相应的关系。

第八章以结构功能理论为基础，对应于大学组织要素中的权力要素和本体论"四因说"中的动力因，在"彻底的经验主义"关系理论的指导下，对省域高等职业教育组织体系中的四种举办体制结构中的行政隶属关系进行形而上学意义上的分析，过滤出每一种行政隶属关系的内部成分和运动状态，其中对国有企业举办体制主要是从目的论角度分析，提出这样的行政隶属关系与高等职业教育存在不兼容性，并结合四个案例中高等职业院校运行状态，分析每一种行政隶属关系成分对于高等职业教育所具有的适切性。随后，将四种举办体制纳入由社会声誉评级、专业设置二维指标构成的功能评价体系,以四种举办体制所属高等职业院校组织类型的信念要素、工作要素在二维指标体系中的动态演变和横向表现刻画各自当前的基本功能状态,并纳入举办教育和举办高等职业教育的历史年限等时间因素,透视不同举办体制功能的表现及其理据。

本章将检视第七章和第八章形成的省域高等职业教育组织体系的组织生态学理论上的和结构功能理论上的分析结论,按照问题解决的逻辑推进,向未知的省域高等职业教育组织体系存在的功能问题进一步聚焦和确认,并依据结构功能理论中的结构与功能关系原理,追溯存在于省域高等职业教育组织体系方面的结构原因并谋求对策。

第一节　省域高等职业教育举办体制功能问题之结构成因

省域高等职业教育举办体制功能评价的思路是,通过对办学主体的功能进行的评价,来评价与其对应的举办体制的功能,在此基础上对各种举办体制的功能进行横向比较,确定其中举办体制的功能在先者为优胜者,完成对省域高等职业教育组织体系中的举办体制结构进行整体评价的工作目标。

一、省域高等职业教育举办体制功能问题

根据第七章和第八章对省域高等职业教育组织体系所做的结构功能分析,笔者发现,在省域高等职业教育组织体系功能方面,主要存在外延规模和内涵质量两个方面的问题。

(一)四种举办体制功能的外延规模并不一致

省域高等职业教育组织体系中的举办主体,在内在要求、政策设计和现实存在上都是指向"多元化"的,但各"元"在举办主体之间的参与数量、参与能力上,或者在办学主体之间的办学数量、办学能力上,表现不尽统一。

在河南省域高等职业教育组织体系中,暂且不论四种举办主体各自的行政职能属性为何以及是否合于举办高等职业教育,表面可见的问题是四种举办主体中的现有参与者在各举办主体类型总数中所占的百分比高低不一。这里将现有举办主体对于举办高等职业教育的参与能力称之为参与率,反之称为未参与率。四种举办体制各自的具体情况如下。

第一,省级行业厅局主管 16 所高等职业院校,涉及 14 个省级政府组成部门(暂且不列入作为地方国家法律监督机关的河南省人民检察院),在省级政

府工作部门和部门管理机构50个总数(不含河南省教育厅)中所占百分比(参与率)为28.00%（不含河南省人民检察院),未参与率为72%。

第二,省级教育厅局主管6所高等职业院校,在省级政府42个组成部门中(不包括9个部门工作机构)作为行政职能专司高等职业教育管理的独此一家。省级教育厅局以一个省级政府组成部门之实,独自领衔一类举办主体之名。省级教育厅局作为类的意义上唯一的举办主体,由于该类中并无其他个体代为分担举办高等职业教育的参与率。故而其参与率为100%,未参与率为0。与其他三种举办主体相比较而言,确实办学能力强大。

第三,地级市政府举办了20所高等职业院校,涉及17个地级城市(含1个副地级城市),在河南省政府直属的地级城市18个总数中所占百分比(参与率)为94.44%,未参与率为5.56%。

第四,有2所国有企业举办了高等职业院校,在当年河南省政府及其部门直属的国有企业13家总数中所占百分比(参与率)为15.38%[8],未参与率为84.62%。

将现有高等职业院校数、现有举办主体数、未参与高等职业教育的举办主体数等数据纳入四种举办体制考核中,以根据举办体制分类的各类高等职业院校数量与按照属性分类的各类举办主体全数(含未参与举办高等职业教育的举办主体数)的比值称为举办率,四种举办体制各自的具体情况如下。

省级教育厅局主管体制在2015年举办的高等职业院校数量是6所,在2015年河南省高等职业院校总数44所中所占的百分比为13.64%。省级教育厅局(类)举办主体举办高等职业教育的参与率为100%（该类举办主体没有不举办高等职业教育的举办主体其他个体),省级教育厅局(类)举办主体的举办率为6所,参与率、举办率都处在四种举办体制中的第一位序。

地级市政府举办体制在2015年举办的高等职业院校数量是20所,在2015年河南省高等职业院校总数44所中所占的百分比为45.45%。地级市政府类举办主体参与举办高等职业教育的参与率为94.44%（该类举办主体中不举办高等职业教育的举办主体个体有1个),地级市政府类举办主体的举办率为1.11所,参与率、举办率位居四种举办体制中的第二位序。

省级行业厅局主管体制在2015年举办的高等职业院校数量是16所,在2015年河南省高等职业院校总数44所中所占的百分比为36.36%。省级行业厅局类举办主体参与举办高等职业教育的参与率为28.00%（不含河南省人民检察院。该类举办主体中不举办高等职业教育的举办主体个体有36个),

省级行业厅局类举办主体的举办率为 0.32 所,参与率、举办率位居四种举办体制中的第三位序。

国有企业举办体制在 2015 年举办的高等职业院校数量是 2 所,在 2015 年河南省高等职业院校总数 44 所中所占的百分比为 4.55%。国有企业类举办主体参与举办高等职业教育的参与率为 15.38%(该类举办主体中不举办高等职业教育的举办主体个体有 11 个),国有企业类举办主体的举办率为 0.15 所,参与率、举办率都位居四种举办体制中的最后。

综合而言,尽管目前省域高等职业教育组织体系中举办主体的首要行政职能并非举办高等职业教育,但是就此不作深论,只关注举办主体在高等职业教育方面的举办功能表现状况。

一方面,在四种举办体制举办高等职业教育的参与能力方面,首先是省级教育厅局释放的参与能力最为充分,其次是地级市政府作为类的举办主体的举办余力也所剩无几。相反省级行业厅局、国有企业贡献的参与能力在各自本类总数中所占百分比都不高,都有充足的参与能力没有得到释放,表现为"结构有余,功能不足"的结构与功能配置失衡问题。除省级教育厅局之外的省级行业厅局、地级市政府和国有企业三种举办主体,都存在着在举办高等职业教育方面具有剩余参与能力没有发挥作用的状况。省级行业厅局类型里,有 36 家没有参与举办高等职业教育;地级市政府类型里,有 1 家没有参与举办高等职业教育;国有企业类型里,有 11 家没有参与举办高等职业教育。

另一方面,四种举办体制的举办能力目前利用都不充分,都有相当的挖掘空间。省级教育厅局作为一类举办主体,尽管目前承担举办能力最为突出,但作为专司高等职业教育行政管理的省级政府组成部门,如能改善高等职业院校治理方式,仍可承接主管更多的高等职业院校。其余三种举办主体目前的高等职业院校举办能力释放也并不充分,都尚有广阔的余地可用于举办高等职业教育。

概括而言,在省域高等职业教育组织体系现有举办体制结构中,每一种举办体制类型中现有举办主体的举办能力都有进一步挖掘和增强的空间,另外,每一种举办体制类型中都有相应数量的举办主体没有参与举办行动,存在着可资利用的剩余参与能力没有发挥作用。如果采用教育公平与教育效率关系理论进行分析,在举办高等职业教育方面,这样的局面存在的问题有以下两点。第一,现有举办主体组织个体没有被公平对待,有的举办主体承担着较重的举办任务,有的举办主体承担的举办任务较轻;第二,现有的举办主体类型没有被公平对待,或者说,现有的举办体制类型在教育效率方面的使用不均衡,有的举办主体类型里有较多的举办主体没有分担举办责任,有的举办主体类型里有较少的举办主体没有分担举办责任。

当前,省域高等职业教育组织体系中突出的问题是,举办主体的行政职能何者适合于举办高等职业教育,即举办主体的合格性问题没有受到重视。按照省级行业厅局因为贴近于"技术"而具有适合于举办高等职业教育的"行业性",因而用第一位序的高等职业院校举办主体的原则来分析现有的省域高等职业教育举办体制结构,大量的省级行业厅局没有参与举办高等职业教育,是对适格的举办主体资源的浪费,应采取合适的措施来改善或者补救。

(二)四种举办体制功能的内涵质量并不一致

省域高等职业教育组织体系中的举办体制功能问题,在内涵质量上表现为举办体制之间的社会声誉评级、专业设置不尽均衡。如果采用教育公平与教育效率关系理论进行分析,在省域高等职业教育举办体制的功能发挥方面,省级行业厅局办学、省级教育厅局办学在两个中央政府层级项目上的社会声誉评级方面,获得良好的声誉,应该被认定为有较高的教育效率。相形之下,地级市政府和国有企业获得的社会声誉评级较低,教育效率不高。尤其是地级市政府举办体制中,地级市政府所属高等职业院校数量最多,涉及的举办主体数量同样最多,但是,该举办体制类型所获得的社会声誉评级远不如省级行业厅局和省级教育厅局两类举办体制,教育效率显得尤为低下。往深一层分析,地级市政府办学如此大面地铺开设置,在办学功能方面的结果却并不理想,是否说明这样的举办主体设置原则本身值得反思?这一现象的启示是,要重视省域高等职业教育组织体系中存在的不同的举办主体之间的教育资源投入的公平性问题和举办主体设置原则问题。

二、省域高等职业教育举办体制功能问题的结构成因

目前的省域高等职业教育举办体制之所以在功能上出现外延规模和内涵质量问题,就省域高等职业教育组织体系结构原因而言,主要包括以下几个方面。

(一)行政意志无视高等职业教育本质

本书第一章在分析高等职业教育的定义中指出,高等职业教育的本质属性在于表面的"职业"下掩盖的"技术"。这一本质属性要求高等职业教育的

举办主体要具有"技术"本性,最大限度地贴近于"技术"是高等职业教育对举办主体的本质要求。举办主体的"技术"切近度越高,对于高等职业教育越具有合法性。本书在第七章第一节就此进行讨论提出,根据当前四种举办主体的贴近于"技术"性因而具有适合于高等职业教育的举办主体资格的意义而言,省域高等职业教育组织生态系统中四种种群组织生态层级的应有排序是,省级行业厅局、省级教育厅局、地级市政府、国有企业。就当前的省属高等职业院校的两个举办主体而言,省级行业厅局处在适格的第一位序,不是省级教育厅局自然地适合主管高等职业院校。

在高等职业教育举办主体适格性讨论中,另一个维度是,高等职业教育的举办主体在目的上必须是兼容公益属性的,否则将因从目的意义上排斥公益属性而无法接受或者承担高等职业教育的公益属性,从而被取消高等职业教育的举办主体资格。就此而论,国有企业并不适合作为高等职业教育的举办主体。

本研究在推进过程中体会到,高等职业教育举办体制问题的困境在于,在问题的开端处,路径的走向就被引向对行政意志痕迹的追随上。高等职业教育政策在集体无意识中沿袭着 20 世纪 90 年代普通高等教育管理体制改革的思路。这样的集体无意识是行政意志至上论的产物,不须思考,不受批评,直接进入执行开端处等待被实施。行政意志的先入为主导致取消对高等职业教育举办主体资格合法性的讨论,高等职业教育举办体制在无声中已经按照行政意志的指引完成了转换,这样的转换的结果是省级教育厅局对高等职业院校的大一统主管。

(二)局部利益左右高等职业教育组织

在四种省域高等职业教育举办体制中,都有程度不同或者角度不同的局部利益与整体利益互相纠缠影响高等职业院校组织发展的问题。

本书第八章第二节在分类分析高等职业教育举办体制功能中发现,在省级教育厅局主管体制中,作为该类举办主体的代表在社会声誉评级榜上放出异彩的黄河水利职业技术学院、郑州铁路职业技术学院在隶属于中央业务部门时期都已经是全国性的"明星学校",在划转交由河南省教育厅管理以后越发出彩。另一方面,从来没有改变过行政隶属关系的郑州信息科技职业学院始终表现平庸,即使迟于黄河水利职业技术学院、郑州铁路职业技术学院转隶河南省教育厅的其他高等职业院校也没有出现异常的跃进。这一对比启发思考,省级教育厅局主管体制所代表的行政意志是否切合于高等职业教育本性？进而言之，省级教育厅局主管体制对于所代表的"政府办学"而言是否具有足够程度的"代表性"？

地级市政府举办高等职业院校在"国家示范性高等职业院校建设计划""双高计划"两个中央级政府项目中的表现就数量而言没有变化，但是两个"榜单"里的上榜高等职业院校各不相同，表明市属高等职业院校在建设和发展方面存在不稳定性问题，或许预示着个体性的内在逻辑问题，或者是地级市政府举办体制本身的问题？以商丘职业技术学院为例，该校曾经入选"国家示范性高等职业院校建设计划"，但却无缘"双高计划"。反观该校作为商丘市人民政府举办的高等职业院校，专业设置不强调对接《商丘市国民经济和社会发展第十二个五年规划纲要》，商丘市人民政府出台的《商丘市国民经济和社会发展第十二个五年规划纲要》也不像河南省其他地级市政府那样列举具体高校名单并明确承诺给予倾斜措施支持。该校确定"升本"的目标以后，是否在发展上偏离高等职业教育方向？

国有企业举办的高等职业院校中，永城职业学院在成立初期，学科和师资以师范教育为底色，在改制由国有企业主办以后，师资队伍的专业结构没有相应调整，而坚持以转型举办应用型普通本科教育为办学目标，陷入举办主体和办学主体的利益和方向不协调的内生矛盾。平顶山工业职业技术学院与地级市政府举办的商丘职业技术学院一样都曾经入选"国家示范性高等职业院校建设计划"，也同样没有进入"双高计划"。高等职业院校发展进程中出现反差的原因，一是内涵建设方面的基本功不够扎实，二是指向高等职业院校举办体制的自身内生逻辑。

第二节　省域高等职业教育举办体制未来之"变"与"不变"

本书在第一章提出教育公平与教育效率关系理论，作为考察省域高等职业教育组织体系整体功能的理论基础。在考察中，是以教育公平作为考察的第一位序标准，还是以教育效率作为考察的第一位序标准，需要通过分析做出取舍。

对省域高等职业教育组织体系的功能进行评价，通常的思路是从组织个体入手，一般是以教育效率为首要标准，实行"教育效率优先"的原则，通过在组织个体之间进行比较从而确定教育效率优先者，以此为基础将其所在举办体制作为四种举办体制的总的"榜样"，使其示范引领组织体系整体达到理想的教育效率。

但是,这样的评价原则实行中存在的一个隐而不显的问题是,那些功能在后的举办体制所包含的举办主体、办学主体,在第一位序上就遭到无视(这里不讨论"效率"作为省域高等职业教育组织体系总体原则是否具有合理性的问题)。相应的问题是,举办体制及其所包含的举办主体、办学主体的功能因为在与其他举办体制及其所包含的举办主体、办学主体的比较之中被评价为功能在后,是否应该在第一位序被无视?答案显然是否定的。

结合亚里士多德形而上学和伦理学,我们形成对事物个体和共同体的伦理(政治)原则。任何事物都有的目的因使其朝向个体善和做成个体善,个体善朝向和组成共享善(共同体善),共享善(共同体善)是第一(动力)善、普遍善和最高善,共享善(共同体善)推动和引导个体善自我实现,个体善和共享善全部实现谓之和谐、幸福或者正义。正义的本质是适度、中道、合法和处理与人交往关系的妥善等总体的德行、最好的德行。正义是城邦以为的原则和社会秩序的基础,正义的普遍意义指向城邦的整体善,狭义意义指向分配公平和矫正公平。正义指导公平,公平朝向正义。因而,公平与正义是局部与整体、手段与目的的关系。综合而言,基于目的因原理和正义原理,在个体层面上,个体之间不能彼此排斥,应通过自助和友爱互助同构共同体;在共同体层面上,共同体先于个体,共同体集合所有个体才能实现自身,任何个体都不能和不应被共同体无视,个体善、共同体善、正义、公平都实现才是总体目的的完满实现。基于这样的原理分析,教育公平出于共同体善又导向共同体善,教育效率基于个体善而导向共同体善,教育公平对于共同体善而言所处的价值位序更为原初,同一意义上教育效率的价值位序偏后。在第一位序的价值具有决定性价值的意义上,教育公平的位序应先于教育效率,将教育公平优先于教育效率进行考虑。

在对省域高等职业教育组织体系的功能进行评价中,在教育公平与教育效率两者关系的问题上,应坚持做到两点。第一,应以教育公平为纲领性的和"门槛性"的价值标准,对举办体制分类功能进行横向比较。以各种举办体制类型之间的办学功能接近作为省域教育资源分配公平性"好"的基准。办学功能接近度越高,表明举办体制之间的教育资源配置的公平性越强,反之说明教育资源配置公平性越弱。第二,应以教育效率为手段性的和调节性的价值标准,对举办体制分类效果进行纵向比较。以各种举办体制类型之间的办学效果优胜为省域教育资源使用效率性"好"的基准。办学效果领先度越高,表明举办体制之间的教育资源使用效率性越充分,反之说明教育资源使用效率性越空耗。

综上所述,针对省域高等职业教育组织体系的现状与问题,本书提出改良和改革两个以高等职业教育举办体制之"变"作为导向的设想,以及对于"变"中的"不变"的设想。

一、改良的高等职业教育举办体制之"变":凸显高等职业教育本质

(一)举办体制整体框架不变,保留四种举办体制类型

可将地级市政府、国有企业在高等职业教育上的职能进行改善利用,但对举办体制整体结构不做根本改变。

(二)加强"行业性"

对省属举办主体比例进行微调。调整重点举办主体,省级行业厅局加强成为主要举办主体,省级教育厅局弱化调整为次要举办主体。将地级市政府、国有企业转换职能,使其退出举办主体类型,激活地级市政府技术市场、国有企业主业运营缝隙的时间、空间和(人员、设备等)资源,拼装组合成为技术知识内容的工作项目,为高等职业教育提供项目形式的实训服务。

(三)涵养大学精神文化,"学术"自由与"技术"创新互生

办学主体眼光向内,转换视角,关注点回到教育教学事务,由学科专业主导整体发展,将办学主体养成适于"技术"之思栖居的持久稳定的环境和氛围。行政退回办学主体边缘。淡化追求教育层次意义上的和外延规模意义上的组织发展,组织还原服务"技术性"和"学术性"的本性,除此之外组织没有专属于自身的独立意义。

二、改革的高等职业教育举办体制之"变":回归高等职业教育本质

(一)凸显举办体制的本质属性

从高等职业教育的本质出发,将贴近于"技术"的"行业性"置于举办体制资格筛选资格的首要位置。贴近于"技术",举办体制才能亲近、掌握和发挥"行业性"。将"行业性"置于首位,应该在四种举办主体中选择省级行业厅局作为主要的、基本的高等职业教育举办主体。

（二）摒弃非本质属性的障碍，取消地级市政府和国有企业两类举办主体资格

"属地性""商密性"等现有举办体制的特性都退场。在举办体制结构的改革中，选择保留和放大省级行业厅局主管体制的规模，取消和舍弃国有企业举办体制、地级市政府举办体制。

（三）省域高等职业教育组织体系运行模式

在理想的举办体制结构下，举办主体将只保留承载行政职能、内含各种不同的行业属性的省级行业厅局这种单一的类型。省级教育厅局只是作为省域高等职业教育组织体系的管理主体存在，不再承担举办主体责任，也不存在诸如省级教育厅局、地级市政府和国有企业等其他举办主体，对举办体制结构只有省级行业厅局单独一类举办主体再进一步做出省级、市级之类行政层级划分已经失去意义。这是省域高等职业教育组织体系中的"教育公平优先"原则下的理想的举办体制结构。

三、"不变"：省域高等职业教育举办体制"变"中的守持

（一）"行业性"被置于举办主体资格筛选标准的首要位置

唯有在"技术"之中，或者与之切近，举办体制才能生成、掌握和发挥"行业性"。将"行业性"置于首位作为标准对现有举办主体遴选的结果是，在四种举办主体中，选择省级行业厅局作为主要的、基本的高等职业教育举办主体。

省级行业厅局作为高等职业教育的第一位序举办主体。如果在省级行业厅局、省级教育厅局二者之间进行取舍，应选取省级行业厅局举办高等职业教育，加强"行业性"，省级教育厅局不再适合作为高等职业教育的举办主体，将现有举办体制结构中的"教育性"分解吸收归入"行业性"，不作为主要的举办主体资格要求。

（二）加强省域举办体制结构稳定性

在对省域高等职业教育举办体制结构的改革中，选择保留和放大省级行业厅局主管体制的规模，取消和舍弃国有企业举办体制、地级市政府举办体制。在进一步的选择中，在省级政府举办体制中，就高等职业教育举办主体在省级行业厅局、省级教育厅局二者之间取舍而言，应选取省级行业厅局，舍弃省级教育厅局。通过以上措施，省级政府举办体制被催化成为省域高等职业

教育组织体系中唯一的举办体制。

（三）守护"教育公平优先"作为第一原则

在省域高等职业教育组织体系中，省级教育厅局只是作为管理主体存在，不再承担举办主体责任。省级教育厅局在高等职业教育方面的职责是，从高等职业教育的本质出发，根据高等职业教育的"行业性"特点，从省域各个行业的"技术"供给和需求状况出发，拟订省域高等职业教育指导政策，指导省域未来的各个行业的省级行业厅局办好各自所属行业高等职业教育和行业高等职业院校。

对于省级行业厅局办学，在政策指导方式以外，省级教育厅局不增生新的减损"行业性"和"教育性"的指导方式。对举办主体和办学主体，省级教育厅局不微观指导，不直接干预，不以行政性强压"行业性"，尊重和维护各个行业的"行业性"个性和"教育性"共性。

在中央政府教育部和各省级政府教育部门的分级管理下，在全国范围内，在各个省份之间，全国各省域高等职业教育组织体系都以"公平优先"为最高原则，在地域、人口和行业之间，在举办主体、办学主体之间，实行"教育公平优先"的原则，不同的高等职业院校之间，进而不同的地域、人口和行业之间，都能获得均质的、无差异的高等职业教育能量、资源和信息等行政服务。

注释

① 根据教育部等六部门 2014 年 6 月 16 日印发的《现代职业教育体系建设规划（2014—2020 年）》（教发〔2014〕6 号）所作"根据高等学校设置制度规定，将符合条件的技师学院纳入高等学校序列"的规定，人力资源和社会保障部门直接管理的部分技师学院将被视为高等职业教育性质的高等学校纳入现代职业教育体系。本书暂不将技师学院纳入研究范围。

② 笔者认为"开办"比"举办"更加直接、恰当地表示投资兴办学校之意，但本书采用通称"举办"。

③ 在本书中，高等职业院校概况、办学条件、办学成果各项有关数据取自河南省教育厅、各高等职业院校根据 2015 年 11 月 3 日河南省教育厅办公室印发的《河南省教育厅办公室转发教育部关于报送高等职业教育质量年度报告（2016）的通知》（教办高〔2015〕582 号）要求编制并上报教育部的"高等职业教育质量年度报告（2016）"，获取途径为前述文件述及的各省、自治区、直辖市教育厅（教委）、新疆生产建设兵团教育局以及各高等职业院校上传质量年报的网络提交路径，即"中国高职高专教育网"首页右侧"高等职业教育质量年度报告"专栏。作者按语："中国高职高专教育网"现更名为"现代高等职业技术教育网"。

④ 河南化工职业学院根据 2016 年 4 月 27 日教育部办公厅公布的《教育部办公厅关于公布实施专科教育高等学校备案名单的函》（教发厅函〔2016〕41 号）更名为河南应用技术职业学院。本书选取

2015 年为研究期间,此时该校尚未更名,故研究中使用该校原名。

⑤ 这里的"省级政府"并非纯粹行政性质的省人民政府,在内涵上容纳非行政性质的省级地方国家法律监督机关等其他性质的省级国家机关。

⑥ 在本书所选取的 2015 年,商丘市人民政府作为协办方举办的永城职业学院被归入以河南能源化工集团有限责任公司为主办方确定的国有企业举办体制类型下,未列入地级市政府举办高等职业院校之中。

⑦ 此处的商丘市人民政府举办高等职业院校数,只包括商丘市人民政府全资举办商丘职业技术学院 1 所,不包括商丘市人民政府作为协办方举办的永城职业学院。

⑧ 暂取有关研究论文中提及的时年河南省省管国有控股 A 股上市公司 13 家数字为依据。详见:马泉令.河南省省管国有控股上市公司高管薪酬与企业业绩相关性研究 [D].郑州:郑州航空工业管理学院,2017:17-18.

参考文献

一、外文文献

1. Smith, A. *An Inquiry into the Nature and Causes of the Wealth of Nations*[M]. New York: Oxford Univerrsity Press, 1993.

2. Arthor M. C. and Florence B. B. *The American Community College*[M]. San Franciso: Jossey-Bass Publisher, 1996.

3. Bozeman, B. *All Organizations Are Public: Bridging Public and Private Organizational Theories*[M]. San Francisco: Jossey-Bass Publisher, 1987.

4. Coase, R. H. The Problem of Social Cost[J]. *Journal of Law and Economics*, 1960, *3*（1）: 1-44.

5. Coleman, J. S. Social Capital in the Creation of Human Capital[J]. *American Journal of Sociology*, 1988, *94*（1）: 95-120.

6. Ernest, W. B. The History of Career and Technical Education[C]//Victor C. X. Wang. *Definitive Readings in the History, Philosophy, Practice and Theories of Career and Technical Education*. Hangzhou: Zhejiang University Press, 2009.

7. Gregory, C. P. Prevalent Work Ethics in Career and Technical Education[A]// Victor C. X. Wang. *Definitive Readings in the History, Philosophy, Practice and Theories of Career and Technical Education*. Hangzhou: Zhejiang University Press, 2009.

8. Harris, W. H. and Judith, S. L. *The NEW Columbia Encyclopedia*[M]. New York: Columbia University Press, 1975.

9. Theil, H. *Economics and Information Theory*[M]. Amsterdam: North-Holland,

1967.

10. Dewey, J. *Democracy and Education*〔M〕. New York: The Macmillan Company, 1916.

11. Trow, M. *Problems in the Transition from Elite to Mass Higher Education*〔C〕. Conference on Future Structures of Post-secondary Education, Paris 26th–29th June, 1973: 82–83.

12. Kramet, P., Hinojosa, J. and Royeen, C. B. *Perspectives on Human Occupation: Participation in Life*〔M〕. Lippincott: Williams & Wilkins, 2003.

13. Victor C. X. Wang. *Definitive Readings in the History, Philosophy, Practice and Theories of Career and Technical Education*〔M〕. Hangzhou: Zhejiang University Press, 2009.

二、中文译著

1.〔英〕埃里克·阿什比. 科技发达时代的大学教育 [M]. 滕大春, 滕大生, 译. 北京: 人民教育出版社, 1983.

2.〔美〕伯顿·克拉克. 高等教育新论——多学科的研究 [M]. 王承绪, 徐辉, 郑继伟, 等译. 杭州: 浙江教育出版社, 1988.

3.〔英〕大卫·罗斯. 亚里士多德的《形而上学》导论 [M]. 徐开来, 译. 北京: 商务印书馆, 2017.

4.〔德〕康德. 道德形而上学原理 [M]. 苗力田, 译. 上海: 上海人民出版社, 2002.

5.〔美〕Michael T. Hannan, John Freeman. 组织生态学 [M]. 彭璧玉, 李熙, 译. 北京: 科学出版社, 2014.

6.〔英〕乔纳森·李尔. 理解的欲求——亚里士多德哲学导论 [M]. 刘玮, 译. 北京: 北京大学出版社, 2021.

7.〔瑞典〕托尔斯顿·胡森. 平等——学校和社会政策的目标 [M]// 张人杰. 国外教育社会学基本文选(修订版). 上海: 华东师范大学出版社, 2009.

8.〔美〕W. L. 博伊德. 教育大百科全书: 教育管理 [M]// 高洪源, 译. 重庆: 西南师范大学出版社, 2011.

9.〔古希腊〕亚里士多德. 论题篇(101b39–40) [M]// 工具论(下). 苗立田, 译. 北京: 中国人民大学出版社, 2003.

10.〔古希腊〕亚里士多德. 形而上学 [M]. 苗立田, 译. 北京: 中国人民大学出版社,1990.

11.〔美〕约翰·罗尔斯.正义论［M］.何怀宏,何包钢,廖申白,译.北京:中国社会科学出版社,2000.

12.〔美〕詹姆斯.彻底的经验主义［M］.庞景仁,译.上海:上海人民出版社,1965.

13.〔美〕詹姆斯·科尔曼.教育机会均等的观念［M］//张人杰.国外教育社会学基本文选(修订版).上海:华东师范大学出版社,2009.

三、中文参考文献

1. 北京联合大学高等职业教育研究总课题组.高等职业教育研究报告［J］.北京联合大学学报,1995(4):15-17.

2. 蔡克勇.我国高等教育体制改革及其综合效益分析［M］.北京:人民教育出版社,1997:9.

3. 陈康.亚里士多德的 Dynamis 概念［J］.哲学研究,2017(11):73-81,129.

4. 陈廷柱.二维象限分析法及其在教育研究中的应用［J］.教育研究与实验,2012(3):59.

5. 陈莹.论德国职业教育本质特征及其发展动力［M］.上海:上海三联书店,2015:23,50.

6. 辞海编辑委员会.辞海(1999 年版缩印本)［M］.上海:上海辞书出版社,2002:338.

7. 戴文静,周金城.关于我国省际间高职教育均衡发展状况的实证研究——基于生均经费支出指标的分析［J］.职教论坛,2012(22):22.

8. 邓遇芳.哲学结构主义的基本特征及其实质［J］.华南师范大学学报(社会科学版),1985(2):13.

9. 董仁忠.“大职教观”视野中的职业教育制度变革研究［D］.上海:华东师范大学博士学位论文,2008:104.

10. 范先佐.论教育资源的合理配置与教育体制改革的关系［J］.教育与经济,1997(3):7-8.

11. 方芳.职业教育公平的评价指标体系［J］.教育与职业,2008(24):6-7.

12. 费重阳.职业教育管理体制是统一管理型好,还是分散管理型好?［J］.教育与职业,1985(1):40-41.

13. 佛朝晖.地市政府应强化统筹主导职业教育的责任——对地市职业教育

行政管理现状的调查与思考[J].职教通讯,2014(25):64-68.

14. 佛朝晖,邢晖.转型期高等职业院校发展的政策期待——基于对120名高等职业院校书记、校长的调研分析[J].职业技术教育,2013(1):16-19.

15. 顾明远.教育大辞典(第三卷)[M].上海:上海教育出版社,1990:134.

16. 谷振清,姚晓明.河南省与中西部其他地区高等教育经费投入的比较分析[J].郑州大学学报(哲学社会科学版),2012(3):96-99.

17. 关信平.社会政策概论(第二版)[M].北京:高等教育出版社,2009:8.

18. 郭朝红,王彬.美国学区的特点与运行机制[J].上海教育科研,2001(1):28-29,41.

19. 国务院.高等教育管理职责暂行规定[J].中华人民共和国国务院公报,1986(13):442-446.

20. 国务院.国务院关于大力发展职业教育的决定[J].中华人民共和国国务院公报,2005(35):33-38.

21. 国务院.国务院批转教育部、国家计划委员会关于加速发展高等教育的报告的通知[J].中华人民共和国国务院公报,1983(11):491-495.

22. 国务院.国务院关于同意建立职业教育工作部际联席会议制度的批复[J].中华人民共和国国务院公报,2004(21):37-39.

23. 国务院.国务院关于同意建立国务院职业教育工作部际联席会议制度的批复[J].中华人民共和国国务院公报,2018(34):34-36.

24. 国务院.国务院关于印发国家职业教育改革实施方案的通知[J].中华人民共和国国务院公报,2019(6):9-16.

25. 河南省教育厅.2015年河南省教育事业发展统计公报[EB/OL].(2016-05-16)[2023-01-07].http://jyt.henan.gov.cn/2016/05/16/1653224.html.

26. 河南省教育厅.2016年河南省教育事业发展统计公报[EB/OL].(2017-03-17)[2023-01-07].http://jyt.henan.gov.cn/2017/03/17/1653225.html.

27. 河南省教育厅.2017年河南省教育事业发展统计公报[EB/OL].(2018-04-02)[2023-01-07].http://jyt.henan.gov.cn/2018/04/02/1653226.html.

28. 河南省教育厅.2018年河南省教育事业发展统计公报[EB/OL].(2019-06-19)[2023-01-07].http://jyt.henan.gov.cn/2019/06/19/1653227.html.

29. 河南省教育厅.2019年河南省教育事业发展统计公报[EB/OL].(2020-04-21)[2023-01-07].http://jyt.henan.gov.cn/2020/04/21/1653228.html.

30. 河南省教育厅.2020年河南省教育事业发展统计公报[EB/OL].(2021-

09-14）[2023-01-07]. http://jyt.henan.gov.cn/2021/09-14/2312589.html.

31. 河南省教育厅. 2021年河南省教育事业发展统计公报 [EB/OL]. （2022-03-31）[2023-01-07]. http://jyt.henan.gov.cn/2022/03-31/2423716.html.

32. 黄日强，何小明. 德国联邦职业教育的行政管理机构 [J]. 河南职业技术师范学院学报（职业教育版），2007（1）：61-65.

33. 纪宝成. 深化高教管理体制改革的思路和目标 [J]. 中国高等教育，1997（10）：13-15.

34. 纪宝成. 中国高等教育管理体制的历史性变革 [J]. 中国高等教育，2000（11）：6.

35. 姜大源. 高等职业教育的定位 [J]. 武汉职业技术学院学报，2008（2）：5-8，11.

36. 教育部. 独立设置的高等职业院校由1999年的474所增加至2009年的1215所 [J]. 职业技术教育，2010（36）：20.

37. 教育部课题组.《高教布局结构调整与高校特色研究》课题研究报告 [R]. 2009（3）：3.

38. 金芳. 高等教育投资体制效率的研究——从利益视角的探索 [M]. 济南：山东教育出版社，2010：9，47.

39. 金建伟. 亚里士多德自然目的论思想研究 [D]. 杭州：浙江大学，2006（4）：12-13.

40. 赖晓琴. 基于《国际教育标准分类法（2011年）》的现代职业教育体系构建 [J]. 职业技术教育，2012（28）：20.

41. 李长伟. 作为实践的教育——从亚里士多德实践哲学的角度分析 [J]. 教育理论与实践，2012，32（28）：4.

42. 李福华. 高等学校资源利用效率研究 [M]. 北京：北京师范大学出版社，2002：12.

43. 李建忠，孙诚. 欧美职业教育投入模式及对我国的启示 [J]. 中国高教研究，2014（8）：96-101.

44. 李小科. 公平与效率研究中的"教条"预设——透析"公平"与"效率"之间的逻辑层次 [J]. 云南大学学报（社会科学版），2007（3）：47-54，67，95.

45. 李运萍. 高等职业教育资源配置状况及其发展对策 [J]. 职业技术教育，2012（31）：44-49.

46. 励增艳，孔存慧. 我国职业教育管理主体存在的问题与对策 [J]. 职业教育研究,2008（5）：57-58.

47. 李兴洲.我国高等职业教育投入探析[J].教育研究,2012（2）：49-52.

48. 李昀.结构功能理论及其在高等教育研究中运用的综述[J].技术经济与管理研究,2015（2）：62-67.

49. 李振江.青岛市高等职业教育发展状况、问题与对策研究[D].济南：山东师范大学硕士学位论文,2007：42-46.

50. 林文聪.福建省高等职业院校发展现状与对策研究[D].福州：福建农林大学硕士学位论文,2012：17.

51. 刘宝存.大学的本质在于求真育人——顾明远大学理想研究[J].比较教育研究,2018,40（10）：13-19.

52. 刘春生.强化职业教育市（地）统筹管理的理论思考[J].教育研究,2003（2）：90-95.

53. 刘福奎.我院召开领导干部会议——宣布学院办学体制转换、重要人事任免事宜[EB/OL].（2019-10-31）[2022-12-19].http://www.ycvc.edu.cn/info/1005/2097.htm.

54. 刘洪宇,等.试论地方高校财政拨款体制的多元化结构[J].教育研究,2003（10）：87-92.

55. 刘明海.还原论研究[M].北京：中国社会科学出版社,2012：34-58.

56. 刘铁.中国高等教育办学体制研究[D].厦门：厦门大学博士学位论文,2003：4-5.

57. 刘自团.我国省域高等教育发展的特征研究[J].中国高教研究,2011（7）：24-27.

58. 毛澹然.美国社区学院[M].北京：高等教育出版社,1989：153-157.

59. 孟广平.在全国职业大学第三次校际协作会暨中国职业大学教育研究会第一届年会上的讲话（1986年10月10日）[A]// 中国高等职业技术教育研究会.20年回眸——高等职业教育的探索与创新（1985—2005）.北京：科学出版社,2006：57.

60. 潘懋元.谈高等教育的公平与效率[J].中国高等教育,2003（3-4）：17.

61. 裴云.对高职教育本质的解析[J].扬州大学学报（高教研究版）,2003（3）：17-20.

62. 钱志亮.社会转型时期的教育公平问题——中国教育学会中青年教育理论工作者专业委员会第十次年会综述[J].高等教育研究,2001（1）：105.

63. 沈传缘,夏建勇,杜林德,等.高等职业院校领导干部管理模式与对策研究[J].浙江工业大学学报(社会科学),2002(6):297-301.

64. 沈有禄.教育资源配置公平指标体系建构[A].2008年中国教育经济学年会会议论文集,2008:885-895.

65. 石中英.回到教育的本体——顾明远先生对于教育本质和教育价值的论述[J].清华大学教育研究,2018,39(5):4-11.

66. 宋旭峰.关于高等职业教育管理体制的几个问题[J].辽宁高等教育研究,1997(4):35-36.

67. 汤敏骞.省域高职教育举办体制变革研究——基于隶属关系对河南省高等职业院校办学影响的分析[M].成都:四川大学出版社,2020:152-186.

68. 王东江.德国高等职业教育的法律基础——《职业学院法》介绍[J].世界教育信息,2001(2):8-12.

69. 王浒.谈谈高等职业教育[J].天津职业大学学报(综合版),1995(1):9-14.

70. 王娟.职业教育本质属性的历史比较与现实思考[D].长沙:湖南师范大学硕士学位论文,2005(4):29.

71. 王明达.在全国职业教育工作会议上的总结讲话(1996年6月20日)[A]//中国高等职业技术教育研究会.20年回眸——高等职业教育的探索与创新(1985—2005).北京:科学出版社,2006:40.

72. 王善迈.教育投入与产出研究[M].石家庄:河北教育出版社,1996:188.

73. 王善迈.教育公平的分析框架和评价指标[J].北京师范大学学报(社会科学版),2008(3):96.

74. 王卫华.论教育的实践性——来自亚里士多德实践哲学的视角[J].教育学报,2007(4):21-22.

75. 王维华.中央财政加大高等职业教育经费投入的若干思考[J].教育财会研究,2014(12):47.

76. 王翔林.结构功能主义的历史追溯[J].四川大学学报(哲学社会科学版),1993(1):37-42.

77. 王绽蕊.美国公立高校治理模式对办学水平影响的统计分析[J].比较教育研究,2013(1):8-16.

78. 汪子嵩,范明生,陈村富,等.希腊哲学史(修订本)第三卷[M].北京:人民出版社,2014:377-387.

79. 吴玫.联合国教科文组织高等教育观之演变[J].教育与考试,2011(4):

79-84.

80. 肖建芳. 国际视野中高等教育针对性的发展研究 [J]. 黑龙江高教研究, 2006（9）：166-168.

81. 谢沂楠. 2015 年全国高等学校名单 [EB/OL].（2015-05-21）[2016-05-20]. http://www.moe.gov.cn/srcsite/A03/moe_634/201505/t20150521_189479. html.

82. 谢毅哲, 谢琛. 高职教育财政拨款存在的问题及对策 [J]. 商业文化, 2015（6）：93-95.

83. 新华社. 中共中央办公厅国务院办公厅印发《关于推动现代职业教育高质量发展的意见》[J]. 中华人民共和国教育部公报, 2021（12）：2-6.

84. 新华社. 中办国办印发《关于深化现代职业教育体系建设改革的意见》[N]. 人民日报, 2022-12-22（001）.

85. 邢晖. 对职业教育若干问题的政策建议——全国分管职业教育厅长学习贯彻《纲要》专题研讨班综述 [J]. 中国职业技术教育, 2010（34）：61.

86. 邢晖, 李玉珠.《职业教育法》重要问题修订意见的调查 [J]. 教育与职业, 2014（19）：76-78.

87. 熊建辉. 2009 年世界高等教育大会公报：高等教育与研究在促进社会变革和发展中的新动力 [J]. 世界教育信息, 2009（9）：23-27.

88. 徐勇, 高秉雄. 地方政府学 [M]. 北京：高等教育出版社, 2013：4.

89. 杨东平, 周金燕. 我国教育公平评价指标初探 [J]. 教育研究, 2003（11）：31.

90. 杨金土, 孟广平, 严雪怡, 等. 对发展高等职业教育几个重要问题的基本认识 [J]. 教育研究, 1995（6）：8, 11.

91. 杨金土, 孟广平, 严雪怡, 等. 论高等职业教育的基本特征 [J]. 教育研究, 1999（4）：57-62.

92 杨秀芹. 教育资源利用效率与教育制度安排——一种新制度经济学分析的视角 [M]. 武汉：华中师范大学出版社, 2009：36.

93. 杨仲山, 郑彦. ISCED（2011）：理论发展与分类变化 [J]. 统计研究, 2012（12）：27-28.

94. 俞启定. 职业教育应突出"职业"性 [J]. 中国职业技术教育, 1997（3）：40-41.

95. 袁广林. 高等职业教育本质属性的再认识 [J]. 职业技术教育, 2010（4）：

5-10.

96. 张少辉. 山东高职教育发展的调查分析与评价研究 [D]. 天津：天津大学，2010：8.

97. 郑小琴，邹俊. 德国州级职业教育的行政管理机构 [J]. 成人教育，2009（10）：87-88.

98. 政务院. 关于高等学校领导关系的决定 [J]. 人民教育，1950（5）：67.

99. 政务院. 中央人民政府政务院关于修订高等学校领导关系的决定 [J]. 人民教育，1953（11）：66.

100. 中共河南省委机构编制委员会办公室. 2011 年度省直事业单位法人年度检验结果公示 [EB/OL].（2012-11-22）[2023-01-07]. http://www.hnsbb.gov.cn/sitesources/hnsbb/page_pc/tzgg/article797665ab58eb4eb4bdbd7101594b499b.html.

101. 中共中央国务院. 中国共产党中央委员会、国务院关于教育工作的指示 [J]. 中华人民共和国国务院公报，1958（27）：583-588.

102. 仲耀黎. 制约高等职业教育发展环境因素探析 [J]. 教育与职业，2000（3）：39-41.

103. 周建松. 基于党委领导制度的高等职业院校领导班子建设 [J]. 学校党建与思想教育，2012（5）：59-61.

104. 周迈. 亚里士多德《形而上学》中的存在问题 [D]. 北京：中国社会科学院研究生院，2001：58.

105. 周远清. 高教管理体制改革和布局结构调整取得历史性的重大进展 [N]. 中国教育报，2000-12-15（1）.

106. 周远清. 我国高等教育改革与发展的回顾与展望 [J]. 高等教育研究，2001（1）：1-8.

107. 周远清. 完善体制改革 深化教学改革 强化教育思想改革 [J]. 中国大学教学，2002（11）：4-6.

108. 周振超. 当代中国政府"条块关系"研究 [M]. 天津：天津人民出版社，2009：247.

109. 朱永东，叶玉嘉. 我国教育公平研究之十年 [J]. 中国高教研究，2007（5）：18.

附录

河南省高等职业院校设置大事记

（1980—2022）

一、统计对象为独立设置的地方职业大学、高等职业院校（包括本科层次职业技术师范高等学校、本科层次职业教育试点学校），不包括高等专科学校。

二、数据来源：教育部．教育部批准的高等学校名单、新批准的学校名单（截至 2013 年 6 月 21 日）［EB/OL］．（2013-06-27）［2014-08-07］．http://www.moe.edu.cn/publicfiles/business/htmlfiles/moe/moe_634/201306/xxgk_153565.html.

三、初次整理日期：2014 年 8 月 7 日

数据第一次更新日期：2016 年 12 月 31 日

数据第二次更新日期：2017 年 6 月 8 日

数据第三次更新日期：2022 年 10 月 20 日

1980 年

1980 年河南省开始举办高等职业教育。

当时的高等职业院校主要有中州大学、洛阳大学、开封大学、焦作大学、安阳大学、平原大学 6 所地方职业大学。

据 2014 年 8 月 7 日合计：1980 年，河南省独立设置的高等职业院校总数达到 6 所。

1987 年

1987 年 2 月成立河南职业技术师范学院。

据 2022 年 10 月 20 日合计：1987 年，河南省独立设置的高等职业院校总数达到 7 所，其中本科层次 1 所，专科层次 6 所。

1998 年

1998 年设置成立了黄河水利职业技术学院（位于开封市，隶属水利部），河南省从此有了 6 所地方职业大学以外的 1 所高等职业学校；再加上河南职业技术师范学院（位于新乡市，本科层次）1 所本科。至此，独立设置的高等职业学校达到 8 所。

据 2014 年 8 月 7 日合计：1998 年，河南省独立设置的高等职业院校总数达到 8 所，其中本科层次 1 所，专科层次 7 所。

1999 年

1999 年设置成立 5 所职业技术学院：三门峡职业技术学院、郑州铁路职业技术学院、漯河职业技术学院、河南职业技术学院、民办中原职业技术学院。

1999 年国务院印发文件，授权省级人民政府审批设置高等专科学校。

据 2014 年 8 月 7 日合计：1999 年，河南省独立设置的高等职业院校总数达到 13 所，其中本科层次 1 所，专科层次 12 所。

2000 年

2000 年河南省没有增设新的高等职业学校。

据 2014 年 8 月 7 日合计：2000 年，河南省独立设置的高等职业院校设置数据与 1999 年数据等同，总数为 13 所，其中本科层次 1 所，专科层次 12 所。

2001 年

2001 年组建成立 11 所独立设置的高等职业院校：河南司法警官职业学院、河南工业职业技术学院（南阳）、平顶山工业职业技术学院、鹤壁职业技术学院、濮阳职业技术学院、许昌职业技术学院、济源职业技术学院、商丘职业技术学院、周口职业技术学院、郑州华信职业技术学院、郑州科技职业学院。

另成立 11 所本科院校的二级学院。11 所本科院校的二级学院：河南农业大学农业职业学院、郑州轻工业学院轻工职业学院、郑州工程学院化学工业职业学院、郑州航空工业管理学院统计信息职业学院、中原工学院广播影视职业学院、河南中医学院针灸推拿职业学院、河南财经学院经贸职业学院、河南科技大学林业职业学院、河南理工大学（原焦作工学院）高等职业学院、郑州轻工业学院民族职业学院、华北水利水电学院水利职业学院。

据 2014 年 8 月 7 日合计：2001 年，河南省独立设置的高等职业院校总数达到 24 所（不含本科院校的二级学院），其中本科层次 1 所，专科层次 23 所。

2002 年

2002 年河南省没有增设新的高等职业学校。

据 2014 年 8 月 7 日合计：2002 年，河南省独立设置的高等职业院校设置数据与 2001 年数据等同，为 24 所，其中本科层次 1 所，专科层次 23 所。

2003 年

2003 年组建 6 所高等职业院校。

教发函〔2003〕145 号：商丘科技职业学院、郑州信息科技职业学院、郑州经贸职业学院、郑州交通职业学院。

教发函〔2003〕178 号：河南检察职业学院。

教发函〔2003〕324 号：河南质量工程职业学院。

据 2014 年 8 月 7 日合计：2003 年，河南省独立设置的高等职业院校总数达到 30 所，其中本科层次 1 所，专科层次 29 所。

2004 年

2004 年 5 月 12 日，教育部印发《教育部关于同意河南职业技术师范学院更名为河南科技学院的通知》（教发函〔2004〕111 号），根据《河南省人民政府关于将河南职业技术师范学院更名为河南科技学院的函》（豫政字〔2004〕22 号），同意河南职业技术师范学院更名为河南科技学院。

2004 年 6 月 2 日河南省通过教育部备案（教发函〔2004〕155 号），组建 10 所独立设置的高等职业院校：河南农业职业学院、郑州旅游职业学院、嵩山少林武术职业学院、河南交通职业技术学院、郑州职业技术学院、永城职业学院、郑州工业安全职业学院、河南经贸职业学院、郑州电子信息职业技术学院、信阳职业技术学院。

另教育部批准新设置 1 所高专(教发函〔2004〕104 号):漯河医学高等专科学校。

2004 年 5 月 21 日,教育部印发《教育部关于同意驻马店师范高等专科学校与民办中原职业技术学院合并组建黄淮学院的通知》(教发函〔2004〕152 号),根据《河南省人民政府关于申报设置驻马店学院的函》(豫政函〔2003〕62 号)和《河南省教育厅关于将原申报校名驻马店学院调整为黄淮学院的请示》(豫教发规〔2004〕110 号),同意驻马店师范高等专科学校与民办中原职业技术学院合并组建本科层次的普通高等学校黄淮学院,同时撤销驻马店师范高等专科学校、民办中原职业技术学院的建制。

据 2014 年 8 月 7 日合计:2004 年,河南省独立设置的高等职业院校总数达到 39 所,其中本科层次 1 所,专科层次 38 所。

2005 年

2005 年 4 月 1 日教育部备案《教育部关于公布备案的 56 所高等职业学校名单的通知》(教发函〔2005〕46 号),组建 1 所高等职业院校:河南工业贸易职业学院。

据 2014 年 8 月 7 日合计:2005 年,河南省独立设置的高等职业院校总数达到 40 所,其中本科层次 1 所,专科层次 39 所。

2006 年

2006 年 5 月 11 日教育部备案《教育部关于公布备案的高等职业学校名单的通知》(教发函〔2006〕115 号),组建 1 所高等职业院校:郑州电力职业技术学院。

据 2014 年 8 月 7 日合计:2006 年,河南省独立设置的高等职业院校总数达到 41 所,其中本科层次 1 所,专科层次 40 所。

2007 年

2007 年河南省没有增设新的高等职业学校。

据 2014 年 8 月 7 日合计:2007 年,河南省独立设置的高等职业院校数据与 2006 年数据等同,为 41 所,其中本科层次 1 所,专科层次 40 所。

2008 年

2008 年 4 月 11 日,教育部发文《教育部关于公布备案的高等职业学校名单的通知》(教发〔2008〕13 号)公布备案的高等职业学校名单,河南省组建 2 所高等职业学校:河南省建筑职工大学改制为河南建筑职业技术学院,周口市海燕职业中等专业学校升格为周口科技职业学院(民办)。

2008 年 4 月 9 日根据教育部印发的教发函〔2008〕101 号,郑州科技学院在成立于 2001 年的郑州科技职业学院的基础上建立(升本),并撤销郑州科技职业学院建制。

据 2014 年 8 月 7 日合计:2008 年,河南省独立设置的高等职业院校总数达到 42 所,其中本科层次 1 所,专科层次 41 所。

2009 年

2009 年 4 月 2 日,教育部发文《关于同意新设立的高等职业学校备案的通知》(教发函〔2009〕84 号)备案,河南省新设置 5 所高等职业院校:安阳职业技术学院、新乡职业技术学院、驻马店职业技术学院、漯河食品职业学院、郑州布瑞达理工职业学院。

据 2014 年 8 月 7 日合计:2009 年,河南省独立设置的高等职业院校总数达到 47 所,其中本科层次 1 所,专科层次 46 所。

2010 年

2010 年 4 月 21 日,河南省新设置 8 所高等职业院校:开封文化艺术职业学院、郑州理工职业学院、许昌陶瓷职业学院、长垣烹饪职业技术学院、郑州信息工程职业学院、河南化工职业学院、焦作工贸职业学院、河南艺术职业学院。

据 2014 年 8 月 7 日合计:2010 年,河南省独立设置的高等职业院校总数达到 55 所,其中本科层次 1 所,专科层次 54 所。

2011 年

2011 年 5 月 9 日,许昌电气职业学院、南阳职业学院、河南护理职业学院、河南推拿职业学院、洛阳职业技术学院、信阳涉外职业技术学院、河南机电职业学院、郑州商贸旅游职业学院、鹤壁汽车工程职业学院 9 所高等职业学校通过教育部备案成立。

另外,2011 年 5 月 9 日教育部《关于同意合并、更名的高等职业学校备案的通知》(教发函〔2011〕115 号)同意,2009 年河南省批准设置的郑州布瑞达理工职业学院更名为郑州城市职业学院。

2011 年 4 月 7 日,教育部印发《教育部关于同意在商丘科技职业学院基础上建立商丘工学院的通知》(教发函〔2011〕84 号),根据《河南省人民政府关于申报设置商丘工学院的函》(豫政函〔2010〕98 号),同意在商丘科技职业学院的基础上建立本科层次的民办普通高校商丘工学院,学校代码为 13500;同时,撤销商丘科技职业学院的建制。

据 2014 年 8 月 7 日合计:2011 年,河南省独立设置的高等职业院校总数达到 63 所,其中本科层次 1 所,专科层次 62 所。

2012 年

2012 年 3 月 31 日,郑州幼儿师范高等专科学校、安阳幼儿师范高等专科学校、郑州黄河护理职业学院 3 所高等学校通过教育部备案(教发函〔2012〕70 号)成立。

据 2014 年 8 月 7 日合计:2012 年,河南省独立设置的高等职业院校总数达到 64 所,其中本科层次 1 所,专科层次 63 所。

2013 年

2013 年 5 月 15 日,组建河南医学高等专科学校、河南信息统计职业学院、河南水利与环境职业学院、河南工业和信息化职业学院、河南林业职业学院、洛阳科技职业学院 6 所高等职业(专科)学校,新建郑州财税金融职业学院、南阳农业职业学院 2 所高等职业学校,一共 8 所高等职业学校通过教育部备案(教发函〔2013〕97 号)。

据 2014 年 8 月 7 日合计:2013 年,河南省独立设置的高等职业院校总数达到 72 所,其中本科层次 1 所,专科层次 71 所。

2014 年

2014 年 7 月 4 日教育部办公厅印发《教育部办公厅关于公布部分省(区、市)高等职业学校备案名单的函》(教发厅函〔2014〕81 号),公布 2014 年部分省(区、市)6 所高等职业学校备案名单,包括河南省新建的鹤壁能源化工职业学院、平顶山文化艺术职业学院 2 所高等职业学校,且两所学校均为民办。

2014 年 1 所高等职业院校更名:

2001 年设置郑州华信职业技术学院,2014 年 6 月 6 日教育部教发函〔2014〕149 号同意郑州华信职业技术学院更名为郑州工业应用技术学院。

2014 年 2 所高等职业院校升本:

2003 年设置的郑州交通职业学院(2014 年 5 月 16 日教育部教发函〔2014〕118 号同意建立本科层次的黄河交通学院)、郑州经贸职业学院(2014 年 5 月 16 日教育部教发函〔2014〕119 号同意建立本科层次的郑州财经学院)。

据 2014 年 8 月 7 日合计:2014 年,河南省独立设置的高等职业院校总数达到 72 所,其中本科层次 1 所,专科层次 71 所。

2015 年

2015 年河南省没有增设新的高等职业学校。

据 2016 年 12 月 31 日合计:2015 年,河南省独立设置的高等职业院校数据与 2014 年数据等同,为 72 所,其中本科层次 1 所,专科层次 71 所。

2016 年

2016 年河南省没有增设新的高等职业学校,但是有 1 所高等职业院校更名、1 所地方职业大学、2 所高等专科学校升本。

根据 2016 年 4 月 27 日教育部办公厅印发的《教育部办公厅关于公布实施专科教育高等学校备案名单的函》(教发厅函〔2016〕41 号),河南化工职业学院更名为河南应用技术职业学院。

教育部 2016 年 3 月 22 日根据《河南省人民政府关于申报设置河南财政金融学院的函》(豫政函〔2015〕75 号)印发《教育部关于同意合并建立河南财政金融学院的函》(教发函〔2016〕64 号),同意河南财政税务高等专科学校与河南教育学院合并建立河南财政金融学院,学校标识码为 4141011652;同时撤销河南财政税务高等专科学校、河南教育学院的建制。

教育部 2016 年 3 月 22 日根据《河南省人民政府关于申报设置河南工学院的函》(豫政函〔2015〕76 号)印发《教育部关于同意建立河南工学院的函》(教发函〔2016〕76 号),同意在河南机电高等专科学校基础上建立河南工学院,学校标识码为 4141011329;同时撤销河南机电高等专科学校的建制。

教育部 2016 年 3 月 22 日根据《河南省人民政府关于申报设置郑州工程

技术学院的函》（豫政函〔2015〕77 号）印发《教育部关于同意建立郑州工程技术学院的函》，同意在中州大学基础上建立郑州工程技术学院，学校标识码为 4141011068；同时撤销中州大学的建制。

据 2016 年 12 月 31 日合计：2016 年，河南省独立设置的高等职业院校总数达到 71 所，其中本科层次 1 所，专科层次 70 所。

2017 年

2017 年 5 月 10 日，新设立主管部门为"河南省政府"，建校基础为"新建"的濮阳医学高等专科学校（学校标识码 4141014597）、驻马店幼儿师范高等专科学校（学校标识码 4141014598）2 所高等专科学校；新设立主管部门为"河南省政府"，建校基础为"新建"的三门峡社会管理职业学院（学校标识码 4141014606），建校基础为"郑州轻工业学院轻工职业学院（资源）"的河南轻工职业学院（学校标识码 4141014607），建校基础为"新建"的河南测绘职业学院（学校标识码 4141014608）3 所高等职业学校，一共 5 所新设立实施专科教育的高等学校通过教育部备案（教发厅函〔2017〕53 号）成立。

据 2017 年 6 月 8 日合计：至 2017 年，河南省独立设置的高等职业院校总数达到 74 所，其中本科层次 1 所，专科层次 70 所。

2018 年

2018 年 5 月 10 日，新设立的建校基础均为"新建"的信阳航空职业学院（学校标识码 4141014634）、郑州卫生健康职业学院（学校标识码 4141014635）、河南物流职业学院（学校标识码 4141014636）、河南地矿职业学院（学校标识码 4141014637）4 所新设立实施专科教育高等学校，另外 1 所成人高校平顶山教育学院改制为高等职业学校平顶山职业技术学院（学校标识码 4241050709），一共 5 所高等职业学校通过省级人民政府审批设置实施专科教育高等学校获准教育部备案（教发厅函〔2018〕73 号）成立。其中信阳航空职业学院为民办。

据 2022 年 10 月 20 日合计：至 2018 年，河南省独立设置的高等职业院校总数达到 79 所，其中本科层次 1 所，专科层次 78 所。

2019 年

2018 年 12 月 25 日，河南省人民政府印发豫政文〔2018〕160 号文件，批准由郑州铁路职业技术学院与俄罗斯交通大学合作设立郑州亚欧交通职业学院。2019年6月6日,教育部核定郑州亚欧交通职业学院许可证编号,同日,河南省教育厅颁发了学院中外合作办学许可证。2019年6月24日,郑州亚欧交通职业学院经河南省事业单位登记管理局核准并颁发事业单位法人证书。2019年7月6日,郑州亚欧交通职业学院经教育部、河南省教育厅批准,首次面向河南省正式招生。

2019年5月27日教育部印发《教育部关于同意周口科技职业学院(本科)更名为河南科技职业大学的函》(教发函〔2019〕40号),根据河南省人民政府报送的《河南省人民政府关于报送周口科技职业学院本科层次职业教育试点测评报告的函》(豫政函〔2019〕41号),同意周口科技职业学院(本科)更名为河南科技职业大学,学校标识码为4141014169,河南科技职业大学系河南省统筹管理的民办本科层次职业教育试点学校。

据2022年10月20日合计:至2019年,河南省独立设置的高等职业院校总数达到80所,其中本科层次2所,专科层次78所。

2020 年

2020年5月11日,新设立的建校基础1所为其他机构"部分资源分立",其余均为"新建"的河南女子职业学院(学校标识码4141014711)、河南对外经济贸易职业学院(学校标识码4141014712)、濮阳石油化工职业技术学院(学校标识码4141014713)、南阳科技职业学院(学校标识码4141014714)、兰考三农职业学院(学校标识码4141014715)、汝州职业技术学院(学校标识码4141014716)6所公办高等职业学校,林州建筑职业技术学院(学校标识码4141014717)、郑州电子商务职业学院(学校标识码4141014718)、郑州轨道工程职业学院(学校标识码4141014719,建校基础为郑州电子信息职业技术学院部分资源分立)、郑州体育职业学院(学校标识码4141014720)等4所非营利性民办高等职业学校,一共10所省级人民政府审批设置实施专科教育高等学校获准教育部备案(教发厅函〔2020〕22号)成立。

据2022年10月20日合计:至2020年,河南省独立设置的高等职业院校总数达到90所,其中本科层次2所,专科层次88所。

2021 年

2021年5月10日,新设立的建校基础均为"新建"的洛阳文化旅游职业学院（学校标识码4141014750）、周口文理职业学院（学校标识码4141014751）、信阳艺术职业学院（学校标识码4141014752）3所公办高等职业学校，郑州城建职业学院（学校标识码4141014753）、郑州医药健康职业学院（学校标识码4141014754）2所民办非营利性高等职业学校，一共5所省级人民政府审批设置实施专科教育高等学校获准教育部备案（教发厅函〔2021〕16号）成立。

据2022年10月20日合计：至2021年，河南省独立设置的高等职业院校总数达到95所，其中本科层次2所，专科层次93所。

2022年

2022年河南省没有增设新的高等职业学校。

据2022年10月20日合计：2022年，河南省独立设置的高等职业院校总数与2021年数据等同，为95所，其中本科层次2所，专科层次93所。

后 记

这是我独立出版的第二本书。

这一本书,跟在博士论文文稿基础上出版的第一本书,具有同样的主题和相同的对象,但后者分析的角度和依据的材料与前者不同。尽管两本书都是博士论文研究过程的产物,但是,在我的意识里,这本书是博士生导师陈廷柱教授鼓励我独立深化研究主题,希望我发挥开题时自持的不成熟思路,形成另一个全新版本的研究成果。因而,本书在研究过程中,力求应用形而上学思想指导拓展主题,自找框架,自成思路。

现实中的教育"改革"与理论"创新",总是给人身处迷林之感,看似繁花似锦,其实难成正解。亚里士多德的形而上学,换一个不严谨的词说,本质主义,探讨形式、质料,目的因、动力因,关系、时间、空间,结构、功能……对这些在早期哲学家的思想和文本中出现的用语的自然主义的原初意义的准确把握,能使人们增加自己思维中的辨识能力,合适地摆布它们在事物的原因序列当中的相对位置,避免从现象入手追溯理论谱系陷入"理论"的海洋,摆脱歧路纷纷、不知所措的思维困境。这样的学理底色成为使本书奠基而又区别于第一本书的理论背景。就本书而言,以亚里士多德形而上学作为研究方法论,能够从智慧上,而不单纯是出于理论文献基础,以举办体制本质属性作为统一标准串联和评估各类型举办体制及其结构、功能,以办学主体的办学目标定位与社会声誉项目评级透视高等职业教育组织体系中蕴涵的教育公平与教育效率及其关系状况,使事实、思想和逻辑统一地完成论证和得出结论。形而上学是智慧,在它面前,我们只能有爱,即所谓爱智慧 philo-sophia。

自己志学既晚,少读经典,因而意滞思浮,只能谨言慎行。贸然进入哲学本体论,依自己粗浅的理解选择亚里士多德、康德和海德格尔为重点对象决意研读，计划通过熟悉西方哲学史主题各段转向的主要人物及其主体思想，加强理论基础和思维能力，希望就自己所从事的高等职业教育方向，提出基本理论框架。调入乐山师范学院工作数年间，我只是在研思亚里士多德形而上学方面略有所解，至今没有读透学完，值得延迟进度重读再思。在个人研学方向上，目前未能进入西方哲学史的认识论主题阶段，或称为知识论转向，也未及紧密关联高等职业教育的技艺论，在节奏上更是远离康德，反倒是海德格尔在研读亚里士多德形而上学中偶有关注。在本书交付后，或将锁定亚里士多德，结合自己的专业方向，就亚里士多德论及教育的政治学、论及技艺的诗学和修辞学等经典的文本与思想继续行与思。

这一本书的出版动议，来自陈老师对我的两次鼓励。第一次鼓励，记得是在陈老师办公室向陈老师递交博士论文研究开题报告文本的时候，时间范围是在 2014 年 8 月 7 日以后与 2016 年 5 月 26 日开题报告会之前，确切日期从存留下来的文字记录中不易查知。由于开题报告正文后面添加 10 个附表，使用 A4 纸型装订起来看着颇显厚度，陈老师对我说，"你这个，可以出一本书"（原话大意）。陈老师说过的这句话，后来我一直留存在记忆里。只是出于惰性，在第一本书出版以后，我并没有就第二本书有所行动。第二次鼓励，是 2021 年 3 月 27 日上午，在第二届卓越教学与本科人才培养专题报告会的武汉会场外，陈老师拿着我特意带去的第一本书，鼓励我说"可以再出一本书"（原话大意）。会后回到供职地乐山投入行动，我找出以前联系过我的编辑邵成军老师的联系方式联系上以后，经过供职单位的工作程序，顺利地办完本书的出版手续。

为确定第一次动议的具体时间，重温个人电脑里储存的文字版的逐次指导记录，又见陈老师对论文思路和结构的宏远展画，对论文篇章和语言的关键斟酌，引导愚钝如我从浮躁转入沉潜，适时结晶。回报教泽，唯有永怀真念，致知身行。

文责自负，欢迎批评。